KONRAD PAHLS

Schnaps brennen

für Anfänger

WirmachenDruck.de
Sie sparen, wir drucken!

Email: info@edition-lunerion.de
www.edition-lunerion.de

Psiana eCom UG
Berumer Str. 44
26844 Jemgum

Inhalt

Vorwort

Dieses Buch richtet sich an alle, die ein Interesse an der Kunst des Schnapsbrennens haben und tiefer in die Theorie und Praxis dieses traditionsreichen Handwerks eintauchen möchten. Dabei werden sowohl historische als auch moderne Brenntechniken verständlich und einfach erklärt, um ein solides Grundverständnis für all jene zu schaffen, die darüber nachdenken, selbst Obstbrände aus eigenem Anbau herzustellen.

Insbesondere für kleine Bauernhöfe oder leidenschaftliche Hobbygärtner, die mit einem Überfluss an Obst konfrontiert sind, könnte das Brennen von Obstbränden eine interessante Möglichkeit darstellen, auch wirtschaftlich davon zu profitieren.

Im einführenden Teil des Ratgebers finden interessierte Laien einen Überblick über die komplexen Alkoholverordnungen und -gesetze. Darüber hinaus werden Hinweise gegeben, welche Schritte unternommen werden müssen, um eine der begehrten Lizenzen zum Brennen von Alkohol zu erhalten, bis Sie schließlich am Ende des Buches zu einem ausführlichen Rezept-Guide gelangen.

Dieser Ratgeber dient als Einstieg in die Welt der Schnapsbrennerei, vermittelt das notwendige Grundlagenwissen und möchte die Neugier wecken, weitere Schritte auf diesem Gebiet zu unternehmen. Das Brennen von Schnaps oder Whiskey ist eine Faszination, die größtenteils von der Erfahrung und dem Fingerspitzengefühl des Brenners lebt – Fähigkeiten, die durch Übung erworben werden können. Verzagen Sie daher nicht, wenn es mit den ersten Schnäpsen noch nicht zum Wunschergebnis kommen sollte: Übung macht den Meister und in diesem Sinne – Prost!

Hinweis: In Deutschland ist die Herstellung von Alkohol durch Destillation ohne Brenngenehmigung nicht gestattet, auch nicht für den Eigenbedarf.

Einführung in die Welt des Schnapsbrennens

Willkommen in der faszinierenden und aufregenden Welt der Schnapsbrennerei, einem Handwerk, welches nicht nur aufgrund seiner Traditionsgeschichte zunehmend an Beliebtheit gewinnt. Eine stetig wachsende Gemeinschaft von faszinierten Hobbybrennern begeistert sich nicht nur für das Verkosten, sondern wertschätzt besonders den Grad an Kreativität und das handwerkliche Geschick, welche Sie in den Brennprozess einfließen lassen können und müssen, um ein gutes und einzigartiges Endprodukt zu erhalten. Das Brennen von Schnaps zu Hause ist mehr als nur ein einfaches Hobby – es ist eine kreative Reise, die Ihre Sinne beflügelt und Ihnen die Freiheit gibt, tief in die Welt der Aromen und handwerklichen Möglichkeiten einzutauchen.

Die Geschichte der Hausbrennerei reicht weit zurück. Während sie in vielen Regionen eine lange Tradition hat, lebt genau diese heute wieder auf, angetrieben von Menschen, die die Kunst des Schnapsbrennens als eine persönliche Form der Selbstdarstellung und des kreativen Ausdrucks schätzen. Es ist ein Handwerk, das nicht nur den Gaumen verwöhnt, sondern auch eine Verbindung zur Natur, zu Traditionen und zu einem authentischen Lebensstil herstellt.

Die Hausbrennerei ist jedoch so viel mehr als nur der Prozess des Destillierens von Alkohol; sie ist ein kunstvolles Handwerk, das die perfekte Symbiose aus Wissenschaft, Kreativität und handwerklichem Geschick darstellt. Mit einem nostalgischen Blick zurück zu den Wurzeln dieses alten Handwerks und einem mutigen Schritt nach vorne in die Moderne eröffnen sich den Hobbybrennern unzählige Türen zu kreativen Experimenten. Zu Beginn steht die Auswahl der Rohstoffe, denn Qualität beginnt bereits auf dem Feld. Die Entscheidung für erstklassige Früchte, Gemüsesorten oder andere Zutaten ist der Schlüssel zu einem hochwertigen Endprodukt. Die Wahl der richtigen Obstsorten, die zur Jahreszeit und Region passen, ermöglicht es dem Hobbybrenner, die einzigartigen Aromen der Natur einzufangen. Gibt es etwas Schöneres, als Aromen und Früchte passend zu Jahreszeiten und Erntezeit auszuwählen und so ein authentisches und leckeres Endprodukt herzustellen? Der Prozess beginnt mit der Herstellung der Maische, einer Mischung aus Obst oder Getreide, Wasser und Hefe. Die Kunst des Maischens liegt nicht nur in der richtigen Zusammenstellung, sondern auch in der Kontrolle der Temperatur und des Gärprozesses. Dieser Schritt ist entscheidend, um die natürlichen Zucker in Alkohol umzuwandeln und die Basis für die Destillation zu schaffen – ein Schritt, der großes handwerkliches Geschick erfordert und zeigt, ob Sie sich mit dem Prozess der Destillation tatsächlich auseinandergesetzt haben. Der eigentliche Höhepunkt des Schnapsbrennens ist zweifellos die Destillation selbst. Hier kommt ebenfalls die fachmännische Hand des Hobbybrenners ins Spiel. Die Auswahl des richtigen Destillationsgeräts, sei es ein klassischer Pot Still oder eine moderne Kolonnenbrennerei, beeinflusst maßgeblich das Endprodukt.

Definition: Pot Still
Ein „Pot Still" ist eine spezielle Art eines Destillationsapparates, der hauptsächlich in der Herstellung von Spirituosen wie Branntweinen, Whisky und Brandy zum Einsatz kommt. Der Pot Still ist eine traditionelle Destillationsmethode, die für die Produktion von charaktervollen und oft kräftigen Spirituosen bekannt ist. Ein Pot Still besteht aus einem großen Kessel, auch „Pot" genannt, der in der Regel aus Kupfer gefertigt ist. Dieser Kessel ist das Herzstück des Destillationsprozesses, denn Pot Stills erzeugen Spirituosen mit einer breiteren Aromenvielfalt im Vergleich zu kontinuierlichen Destillationsapparaten wie Kolonnenbrennereien. Dies liegt daran, dass Pot Stills mehr Verbindungen und Aromen aus der Ausgangsflüssigkeit extrahieren. Die Destillate aus Pot Stills sind oft reicher, komplexer und haben einen stärkeren Charakter. Die Methode betont die Erhaltung von Aromastoffen, die aus den Rohstoffen stammen. Pot Stills sind typisch für die Herstellung von Whisky, insbesondere Scotch und Irish Whiskey, sowie für viele Arten von Brandy und einige andere traditionelle Spirituosen.

Definition: Kolonnenbrennerei
Die moderne Kolonnenbrennerei, auch als kontinuierliche Destillationskolonne oder Fraktionierkolonne bezeichnet, ist eine fortschrittliche Form der Destillationsapparatur, die für die Massenproduktion von Spirituosen eingesetzt wird. Im Gegensatz zum Pot Still, der eher für handwerkliche Produktionen und kleinere Mengen verwendet wird, ermöglicht die Kolonnenbrennerei eine effiziente und kontinuierliche Destillation großer Mengen Alkohol.Eine Kolonnenbrennerei besteht aus einer vertikalen Kolonne, die in Sektionen oder „Platten" unterteilt ist. Diese Platten dienen dazu, die Destillation in mehreren Stufen durchzuführen. Kolonnenbrennereien sind für ihre Effizienz und die Fähigkeit zur kontinuierlichen Massenproduktion bekannt. Sie erzeugen normalerweise Destillate mit höherem Alkoholgehalt und einem klareren, neutraleren Geschmack. Der Prozess ermöglicht auch eine präzise Steuerung über den Alkoholgehalt und die Zusammensetzung des Endprodukts.Kolonnenbrennereien werden häufig in der Produktion von klaren Spirituosen wie Wodka, Gin, Tequila und leichteren Rumsorten eingesetzt. Sie sind auch in der Herstellung von Industriealkohol für den Einsatz in verschiedenen Branchen weit verbreitet. Moderne Kolonnenbrennereien sind oft hochgradig automatisiert und können große Mengen Alkohol kontinuierlich und effizient produzieren. Dies macht sie ideal für die Massenproduktion und den Einsatz in großen kommerziellen Brennereien.

Der Brennvorgang ist ein Prozess für sich, bei der die Trennung von Vorlauf, Herz und Nachlauf entscheidend ist, um reine und hochwertige Spirituosen zu gewährleisten.

Die kreative Freiheit in der Hausbrennerei zeigt sich auch in der Aromatisierung. Hier kann der Hobbybrenner seiner Fantasie freien Lauf lassen und verschiedene Gewürze, Kräuter oder Früchte hinzufügen, um dem Schnaps eine individuelle Note zu verleihen. Die Kunst liegt darin, ein ausgewogenes Aroma zu schaffen, das die Essenz der verwendeten Zutaten einfängt. Ob traditionelle Rezepte oder ganz neue und ausgefallene Kreationen, der Fantasie sind hier keine Grenzen gesetzt.

Zu guter Letzt rundet die Lagerung des gebrannten Schnapses den Prozess ab. Hier kommen Holzfässer ins Spiel, die dem Schnaps während der Reifezeit ein zusätzlich einzigartiges Aroma verleihen. Die Wechselwirkung zwischen dem Destillat und dem Holz trägt zur Farbe und dem Geschmack bei, so beeinflusst also auch die Wahl des Fasstyps das Endprodukt erheblich.

Die steigende Beliebtheit der Hausbrennerei spiegelt nicht nur den Wunsch nach einzigartigen Geschmackserlebnissen wider, sondern auch den Drang nach einem handwerklichen Ansatz in einer Welt, die oft von Massenproduktion geprägt ist. Hierbei geht es nicht nur um das Endergebnis, sondern auch um den Prozess selbst – die sorgfältige Auswahl der Zutaten, die Kunst der Destillation und die Feinabstimmung von Aromen. In Deutschland wird die eigene Schnapsherstellung immer beliebter, da viele Menschen ein wachsendes Interesse an handwerklicher Herstellung und regionalen Produkten zeigen. Die steigende Popularität lässt sich auch auf die Lust nach Individualität zurückführen, da Hobbybrenner die Möglichkeit haben, einzigartige Aromen und charaktervolle Spirituosen nach eigenen Vorlieben zu kreieren. Dies beinhaltet die Auswahl verschiedener Rohstoffe wie Früchte, Kräuter oder Gewürze, um mit einer breiten Palette von Aromen zu experimentieren. Zudem ermöglicht die Gestaltung des Destillationsprozesses die Feinabstimmung des Endprodukts, wodurch kreative Variationen in Geschmack, Intensität und Charakter entstehen können. Diese Freiheit zur persönlichen Gestaltung motiviert Menschen, ihre kreativen Ideen in die Schnapsherstellung einfließen zu lassen und individuelle Spirituosen zu kreieren, die ihre Persönlichkeit und Vorlieben widerspiegeln. Zudem fördern lokale Gemeinschaften und Vereine den Austausch von Erfahrungen, Wissen und Tipps rund um die Schnapsbrennerei, was die Attraktivität dieses traditionsreichen Handwerks zusätzlich steigert.

Die Hausbrennerei ist ein Abenteuer für die Sinne. Der Duft von frisch destilliertem Schnaps, das Knistern des Feuers unter dem Brennkessel, die Vielfalt der Aromen – all das macht dieses Handwerk zu einer tiefgreifenden Erfahrung. Es ist eine Reise der Selbstdarstellung und des kreativen Ausdrucks, bei der jeder Hobbybrenner sein eigenes Kapitel in der Geschichte der Schnapsbrennerei schreiben kann. Denn in der Hausbrennerei geht es nicht nur um das Herstellen von Schnaps, sondern um die Erschaffung von Kunst in Flaschen – eine Kunstform, die Geschichte und Geschmack miteinander verbindet. In dieser spannenden Reise der Sinne und der Kreativität sind die Möglichkeiten endlos und jede Destillation erzählt ihre eigene Geschichte. Tauchen Sie ein in dieses faszinierende Abenteuer und lassen Sie sich von dem Handwerk der Hausbrennerei inspirieren. Hier ist jeder Schluck nicht nur ein Genuss, sondern auch eine Hommage an die eigene Schöpfung und das Streben nach etwas Einzigartigem.

Die Faszination des eigenen Schnapses

Die Faszination des eigenen Schnapses hat nicht nur mit dem handwerklichen Können zu tun. Es ist eine Reise der Sinne und Emotionen, die mit jedem Schluck die persönliche Geschichte und Leidenschaft des Hobbybrenners widerspiegelt. Die tiefe Verbindung zu dem selbst kreierten Destillat entsteht nicht nur durch die handwerklich anspruchsvolle Destillation, sondern auch durch die Aufmerksamkeit und Hingabe, die in jeden Schritt des Prozesses einfließt.

Der Moment, in dem der erste Tropfen des eigenen Schnapses aus dem Destillierkolben fließt, ist ein Augenblick des Triumphs und Stolzes für den Brenner. Die Früchte der eigenen Arbeit, von der sorgfältigen Auswahl und Ernte der Rohstoffe bis zur präzisen Destillation, manifestieren sich in einem einzigartigen Geschmackserlebnis. Es ist nicht nur Alkohol – es ist ein Ausdruck der Persönlichkeit und der persönlichen Vorlieben, eine Flasche voller individueller Geschichte und unverwechselbarer Charakteristik.

Die emotionale Bindung zum selbst kreierten Schnaps beginnt oft schon in der Phase der Planung und Vorfreude. Die Auswahl der Früchte oder Zutaten ist nicht nur eine praktische Entscheidung, sondern eine Herzensangelegenheit. Rohstoffe in guter Qualität, die oft zudem selbst geerntet werden, geben dem Destillat eine ganz besondere Note. Es ist auch die Wahl und Kombination von Aromen, die Erinnerungen wecken oder neue Geschichten erzählen sollen.

Beispiel Sommerschnaps:

Zutaten:

- 500 ml selbstgebrannter Wodka oder Korn
- 200 g frische Erdbeeren
- 100 g frische Himbeeren
- 1 Handvoll frische Basilikumblätter
- 100 g Zucker oder Agavensirup
- Saft einer halben Zitrone

Dieser Sommerschnaps kombiniert die erfrischende Süße der Früchte mit der spritzigen Säure der Zitrone und der aromatischen Frische des Basilikums. Der Zucker oder Agavensirup kann je nach Geschmack hinzugefügt werden, um den Sommerschnaps zu süßen und ihm eine ausgewogene Note zu verleihen. Genießen Sie diesen erfrischenden Drink am besten eisgekühlt an einem heißen Sommertag.

Der Hobbybrenner investiert Zeit und Gedanken, um ein Produkt zu schaffen, das nicht nur den Gaumen anspricht, sondern auch eine emotionale Bindung erzeugt.

Während des Maischens und Gärprozesses werden nicht nur chemische Veränderungen im Destillat vorgenommen, sondern es entsteht auch eine Verbindung zwischen dem Hobbybrenner und seiner Kreation. Der Duft der gärenden Maische, das Blubbern der Hefe – es sind Momente der Vorfreude und Antizipation. Die Emotionen, die in dieser Phase geweckt werden, sind ein Vorgeschmack auf das, was kommen wird. Die eigentliche Destillation wird zu einem Ritual, das nicht nur die technischen Fertigkeiten des Hobbybrenners demonstriert, sondern auch seine Leidenschaft für das Handwerk. Der Anblick des klaren Destillats, das nach und nach aus dem Auslauf fließt, weckt die Vorfreude. Es ist der Beginn einer langen Reise, die nicht nur den Schnaps, sondern auch den Hobbybrenner selbst prägen wird.

Die Aromatisierung des Schnapses ist der kreative Höhepunkt, bei dem der Hobbybrenner seinen persönlichen Stempel auf das Destillat drückt.

Beispiel Anis-Heidelbeer-Schnaps:

Zutaten:

- 500 g frische Heidelbeeren
- 750 ml selbstgebrannter Neutralalkohol oder Korn
- 1–2 Sternanis
- 100 g Zucker (optional)

Dieser Schnaps hat einen fruchtigen Heidelbeer-Geschmack mit einem Hauch von Anis, der ihm eine angenehme würzige Note verleiht. Man kann auch mit der Menge des Sternanis experimentieren, um den Geschmack nach persönlichem Geschmack anzupassen.

Die Auswahl von Gewürzen, Kräutern oder Früchten ist eine Intuition, die gelernt sein will. Es ist die Suche nach der perfekten Balance, nach einem Geschmacksprofil, das nicht nur dem eigenen Gaumen schmeichelt.

Die Lagerung in Holzfässern wird zu einer Zeit des Wartens und Reifens, in der die emotionale Bindung zum Schnaps weiter vertieft wird. Jeder Tag, den das Destillat in Kontakt mit dem Holz verbringt, trägt zur Entwicklung von Geschmack, Farbe und Charakter bei. Die Vorfreude auf die Verkostung wird zu einer Geduldsprobe, die die emotionale Intensität steigert.

Die Verkostung des selbst kreierten Schnapses ist schließlich der Höhepunkt der emotionalen Reise. Sie bewegen sich durch die Geschichte des Destillats, durch die Jahreszeiten der Aromen und die Gedanken des Hobbybrenners. Es ist nicht nur ein Genuss für den Gaumen, sondern auch für die Seele. Jede Flasche erzählt von den Erfahrungen, Herausforderungen und Erfolgen und auch Misserfolgen des Hobbybrenners.

Gesetzliche Bestimmungen und Vorschriften

Es ist wichtig, zu beachten, dass die in diesem Kapitel verwendeten Begriffe je nach Region unterschiedlich interpretiert und verwendet werden können. Die genaue Definition und die damit verbundenen rechtlichen Bestimmungen können von Land zu Land variieren und selbst in den verschiedenen Bundesländern Deutschlands unterschiedlich geregelt sein.

In den meisten Ländern gibt es spezielle Vorschriften, die die Schnapsbrennerei regulieren, um eine sichere und verantwortungsbewusste Herstellung sicherzustellen. Über diese sollte sich vor Beginn der Alkoholherstellung sorgfältig informiert werden. Über den QR-Code finden Sie eine Übersicht.

Die private Herstellung von Alkohol durch Destillation

Seit dem 1. Januar 2018 ist die Gewinnung von Alkohol durch Destillation in Deutschland nur in sogenannten Verschluss- oder Abfindungsbrennereien erlaubt. Zuvor war die Nutzung von privaten Kleindestilliergeräten mit einem Fassungsvermögen bis zu 0,5 Litern zur Herstellung von Alkohol zulässig. Diese Regelung gilt seither allerdings nicht mehr, sodass die Gewinnung von Alkohol heute unabhängig von der Größe der Brennblase unzulässig ist.

Hinweis:
In Deutschland ist die Gewinnung und Reinigung von Alkoholerzeugnissen seit dem 1. Januar 2018 verboten. Unter die Reinigung fällt z. B. auch die Herstellung eines Obstlers oder Gin, falls diese nach der Mazeration, also nach dem Einlegen der Rohstoffe in Alkohol, erneut destilliert werden.

Definition: Mazeration
Die Mazeration ist ein Prozess, bei dem pflanzliche oder fruchtige Zutaten in einem Alkoholbad eingeweicht werden, um deren Aromen zu extrahieren. Während dieses Einweichprozesses lösen sich die ätherischen Öle, Aromen und Farbstoffe der Zutaten im Alkohol auf, wodurch der Alkohol mit den charakteristischen Geschmacks- und Duftstoffen der eingeweichten Substanzen angereichert wird.

Personen, die ein Brenngerät mit einem Fassungsvermögen bis zu 0,5 Litern in ihrem Besitz haben, dürfen dieses auch weiterhin in Besitz halten, aber nicht mehr zur privaten Destillation von Alkohol nutzen. Größere Brenngeräte sind bei dem zuständigen Hauptzollamt schriftlich anzuzeigen. Dieses finden Sie über die allgemeine Dienststellensuche auf der Seite des Zolls (www.zoll.de).

Auch die Abgabe eines solchen Gerätes an Dritte ist beim zuständigen Hauptzollamt anzuzeigen. Dabei muss Name und Anschrift des Empfängers sowie eine Beschreibung des Geräts abgegeben werden. Das Hauptzollamt kann dann ggf. besondere Aufsichtsmaßnahmen anordnen. In Deutschland besteht die einzige Möglichkeit, als Privatperson mit eigenen Rohstoffen Alkohol durch Destillation zu gewinnen, darin, sich eine Brenngenehmigung für sogenannte Stoffbesitzer erteilen zu lassen.

Schritt-für-Schritt-Anleitung zur Brenngenehmigung:

Schritt 1: Ausfindigmachen des zuständigen Hauptzollamtes (QR-Code finden Sie im Verlauf des vorangegangenen Kapitels)
Schritt 2: Download und Ausdrucken des Formulars 1221 (QR-Code finden Sie im weiteren Verlauf des Kapitels)
Schritt 3: Vollständiges Ausfüllen des Formulars 1221, Unterschrift nicht vergessen!
Schritt 4: Der Antrag wird an das zuständige Hauptzollamt gesendet und dort bearbeitet.
Schritt 5: Sie erhalten im besten Fall die Brenngenehmigung und den zugehörigen Steuerbescheid.

Die Alkoholerzeugung als Stoffbesitzer

In Deutschland kann Alkohol auf zwei unterschiedliche Weisen, entweder in **Verschlussbrennereien** oder aber in einer **Abfindungsbrennerei**, gewonnen werden. In sogenannten Verschlussbrennereien werden die Alkoholerzeugnisse über Messuhren oder in speziellen, amtlich verplombten Sammelgefäßen erfasst. Die zweite Möglichkeit zur Alkoholgewinnung sind die Abfindungsbrennereien. Dort können Sie als sogenannter Stoffbesitzer, der kein eigenes Brenngerät besitzt, bis zu 50 Liter reinen Alkohol pro Jahr gewinnen.

Definition: Stoffbesitzer nach §11 Abs. 1 (AlkStG)
(1) Stoffbesitzer sind natürliche Personen, die

1. kein eigenes Brenngerät besitzen,
2. Alkohol ausschließlich aus den im Steuergebiet selbst gewonnenen Rohstoffen Obst, einschließlich Obstmost und Obsttrester, Beeren, Wein, einschließlich Weinhefe und Weintrester, Wurzeln, einschließlich deren Knollen, Topinambur oder den jeweiligen Rückständen davon in einer Abfindungsbrennerei gewinnen und
3. den nach Nummer 2 gewonnenen Alkohol anschließend reinigen dürfen.

Stoffbesitzer sind, wie der Name schon sagt, im Besitz von zulässigen Rohstoffen für die Alkoholgewinnung. Dabei müssen diese im Steuergebiet selbst gewonnen sein. Zulässige Rohstoffe ergeben sich aus der Rohstoffliste vom 01. April 2023.

Definition: selbstgewonnene Rohstoffe
Rohstoffe sind dann als selbstgewonnen anzusehen, wenn diese von Ihnen selbst als beispielsweise Pächter oder Eigentümer oder einem Beauftragten geerntet oder gesammelt wurden oder auf eigene Rechnung in einem von Ihnen geführten Betrieb erzeugt wurden. Ebenfalls als selbstgewonnen gilt, wenn z. B. als Baumpate auf öffentlichen Grundstücken Obst gesammelt wird. Ein Nachweis der Baumpatenschaft muss dann allerdings vorgelegt werden.

Durch die Aufbereitung der Rohstoffe, wie z. B. das Aussortieren von schlechten Früchten, Waschen oder Zerkleinern, wird die Eigenschaft der Selbstgewinnung nicht erlangt, geht aber auch nicht verloren. Durch die bloße Aufbereitung des Obstes gilt es also noch lange nicht als selbstgewonnen.

Ebenfalls geregelt ist, dass nur eine Person eines Haushalts berechtigt ist, diese 50 Liter reinen Alkohols pro Kalenderjahr zu gewinnen.

Möchten Sie als Stoffbesitzer 50 Liter Alkoholerzeugnisse pro Jahr gewinnen, so muss dies mit der Abfindungsanmeldung beim Hauptzollamt beantragt werden. Liegt der vollständig ausgefüllte Antrag (Formular 1221) einschließlich Unterschrift vor, entscheidet das Hauptzollamt über die Erteilung einer Brenngenehmigung.

Folgende Dinge gibt es zu beachten:

- Wurde das richtige Formular (1221) verwendet?
- Ist der Antrag vollständig?
- Wurde die Stoffmenge richtig angegeben?
- Ist der Antrag unterschrieben?
- Ist die Anschrift der Abfindungsbrennerei enthalten?
- Ist das zuständige Hauptzollamt richtig ermittelt worden?

Hinweis:
Wird gegen eine dieser Regelungen verstoßen, wird also eine größere Alkoholmenge erzeugt, werden nicht selbstgewonnene Rohstoffe verwendet oder wird der gewonnene Alkohol zu gewerblichen Zwecken außerhalb von Deutschland produziert, geht die Eigenschaft des Stoffbesitzers dauerhaft verloren. Eine Alkoholgewinnung ist dann legal nicht mehr möglich.

Die Anmeldung der Destillation durch Stoffbesitzer

Haben Sie sich dazu entschieden, in einer Abfindungsbrennerei Alkohol zu gewinnen, muss bis spätestens fünf Werktage vor Beginn des Prozesses die Abfindungsanmeldung beim zuständigen Hauptzollamt vorliegen (Formular 1221). Neben der Papierform stellt die Zollverwaltung auch ein Online-Portal zur Verfügung, über welches Sie elektronisch die Abfindungsanmeldung übermitteln können.

Hinweis:
Um den Online-Service zu nutzen, ist entweder ein ELSTER-Zertifikat oder ein neuer Personalausweis notwendig.

Die Brenngenehmigung

Sind alle Voraussetzungen erfüllt und die Dokumente liegen fristgerecht vor, wird Ihnen eine Brenngenehmigung erteilt, sofern Sie die entsprechenden Antragsunterlagen zur Prüfung vorgelegt haben. Sie erhalten ebenfalls einen Steuerbescheid mit vorausgefülltem Überweisungsträger. Dieser richtet sich nach der Menge und Art der hergestellten Alkoholprodukte. Aus dem für Stoffbesitzer geltenden Steuersatz von 1.022 Euro je Hektoliter (100 Liter) und der Menge des herzustellenden Alkohols (amtliche Schätzung aus der Menge und Art der Rohstoffe) errechnet sich die zu zahlende Alkoholsteuer. Eine Kopie der Brenngenehmigung geht ebenfalls in Papierform an die in der Abfindungsanmeldung angegebene Abfindungsbrennerei. Einen Zurück-weisungsbescheid erhalten Sie, wenn die Unterlagen fehlerhaft oder unvollständig sind oder verspätet eingegangen sind. Sollte die fristgerecht beantragte Brenngenehmigung am Tag des Brennens noch nicht bei Ihnen eingegangen sein, so ist es möglich, dass der Steueraufsichtsdienst des zuständigen Hauptzollamtes formlos eine vorläufige Brenngenehmigung erteilt. Für weitere Informationen sollten Sie sich bei den zuständigen Behörden vor Ort informieren.

Hinweis: Vor Erhalt der Brenngenehmigung darf nicht mit dem Brennprozess begonnen werden!

Detaillierte Informationen finden Sie auf der Seite des Zollamtes in dem Merkblatt für Abfindungsbrenner und Stoffbesitzer (Formular 1222).

Alkoholherstellung als Abfindungsbrenner

Neben der Möglichkeit, als Stoffbesitzer in Abfindungsbrennereien Alkohol zu gewinnen, haben Sie ebenfalls die Möglichkeit, eine solche Abfindungsbrennerei selbst zu betreiben. Im Folgenden finden Sie Informationen zum Verfahren und der Steuerbelastung eines Abfindungsbrenners.

Erlaubnisverfahren

Haben Sie sich entschieden, eine Abfindungsbrennerei zu betreiben, muss ein Erlaubnisverfahren durchlaufen werden. Dazu gehören bestimmte Anforderungen, die Sie erfüllen müssen, sowie der Prozess der Antragsstellung.

Hinweis: Je nach Bundesland und den entsprechend geltenden Bestimmungen können die Verfahren und Anforderungen abweichen.

Voraussetzung

Folgende Voraussetzungen müssen für den Betrieb einer Abfindungsbrennerei erfüllt sein:

Der Brennraum

Um Manipulationen der Brennmenge zu verhindern, muss der Brennraum in bestimmter Weise gestaltet sein:

- Der Zugang von außen muss jederzeit möglich sein.
- Der Zugang zur Betriebseinrichtung und allen Betriebsräumen muss jederzeit möglich sein.
- Eine Verbindung zu Wohnräumen oder privaten Räumlichkeiten ist nicht gestattet.

Rechtsvorschriften: § 20 Abs. Satz 4 AlkStV

Die zulässigen Geräte

Auch bei der Brenneinrichtung sind einige Dinge zu beachten:

- Dauerbrenngeräte sind nicht gestattet.
- Es darf sich grundsätzlich nur ein Brenngerät im Besitz der Abfindungsbrennerei befinden.
- Brenngeräte mit Dampfeinleitung sind nicht gestattet.

Rechtsvorschriften: § 20 Abs. 2 AlkStG

Das wirtschaftliche Bedürfnis des Antragstellers

Verfügt der Antragsteller über einen landwirtschaftlichen Betrieb als selbstständige wirtschaftliche Einheit und es fallen zudem ausreichend Rohstoffe zur Alkoholgewinnung an, ist das wirtschaftliche Bedürfnis erfüllt. Dabei muss der Betrieb eine Mindestgröße von 3 Hektar oder 1,5 Hektar im Falle von Intensivobstbau, wie z. B. dem Weinanbau, aufweisen. Intensivobstbau wird definiert durch die Anzahl an Obstbäumen pro Hektar (mind. 200).

Rechtsvorschriften: § 19 Abs. 2 AlkStV, § 10 Abs. 2 AlkStG

Die steuerliche Zuverlässigkeit des Antragstellers

Vor Erteilung der Genehmigung zum Führen einer Abfindungsbrennerei wird der Antragsteller auf seine steuerliche Zuverlässigkeit überprüft. Bestehen hierbei keine Bedenken, ist die steuerliche Zuverlässigkeit gegeben.

Rechtsvorschriften: § 10 Abs. 1 Nr. 2 AlkStG

Die Unabhängigkeit des Antragstellers

Die Unabhängigkeit des Antragstellers bedeutet in diesem Fall, dass er nicht mit einer anderen Brennerei verbunden ist oder von einer solchen abhängig ist. Nur rechtlich und wirtschaftlich unabhängigen Brennereien kann der ermäßigte Alkoholsteuersatz gewährt werden.

Rechtsvorschriften: § 2 Abs. 2 AlkStG

Die Sicherheitsleistung

Sind Anzeichen für eine Gefährdung der Steuer erkennbar, also will oder kann der Antragsteller die Steuer aus irgendeinem Grund nicht zahlen, kann es passieren, dass eine Sicherheit geleistet werden muss. Andernfalls würde die Erlaubnis zum Brennen aufgehoben werden.

Rechtsvorschriften: § 20 Abs. 2 AlkStV

Antragstellung

Um den Antrag zum Betrieb einer Abfindungsbrennerei beim zuständigen Hauptzollamt zu stellen, sind einige Dokumente nötig. Diese müssen dem Antrag in doppelter Ausfertigung beigefügt werden:

- der Antrag auf Erlaubnis zum Betreiben einer Abfindungsbrennerei (Formular 1248)
- Lageplan der Räumlichkeiten
  - Grundriss
  - Aufriss des Brennraums
  - Betragsbescheid der Sozialversicherung für Landwirtschaft, Forsten und Gartenbau
  - Pachtverträge und Grundbuchauszüge
  - Angabe der vom Betrieb genutzten landwirtschaftlichen Flächen mit Lagebuchnummer, Größe und Art der Bewirtschaftung
- Skizze des genutzten Brenngerätes (inkl. aller Komponenten)
- Aufzeichnung der Räume und der Betriebseinrichtung (Formular 1204)

Das Hauptzollamt kann zudem noch weitere Dokumente fordern, sollten sie zur Sicherung des Steueraufkommens von Bedeutung sein.

Erlaubniserteilung

Sind alle Voraussetzungen erfüllt, wird die Genehmigung zum Betrieb einer Abfindungsbrennerei unter Vorbehalt des Widerrufsrechts erteilt. Es gibt zudem einige Auflagen, mit welchen die Genehmigung verknüpft sein kann:

Lagerung des Alkohols

Fällt Alkohol an, der aus einem nicht abgeschlossenen Brennvorgang stammt, muss dieser eindeutig identifizierbar sein. Außerdem muss dieser dem noch laufenden Brennverfahren eindeutig zuzuordnen sein. Auch eine Zuordnung der entsprechenden Brenngenehmigung muss eindeutig möglich sein. Gelagert werden darf der Alkohol nur in Gefäßen im Brennraum.

Rechtsvorschriften: § 20 Abs. 2 Satz 4 AlkStV

Betriebszeitenregelung

Die Regelzeit für Abfindungsbrennereien liegt zwischen 06:00 Uhr und 20:00 Uhr. Die genauen Regelungen können aber je nach Land, Region und spezifischen gesetzlichen Bestimmungen variieren. Die persönlichen Betriebszeiten sind in der jeweiligen Brenngenehmigung festgehalten.

Rechtsvorschriften: § 20 Abs. 1 Satz 4 AlkStV

Betriebliche Dokumentation

Es kann vom Hauptzollamt angeordnet werden, dass der Betreiber der Abfindungsbrennerei genaue Aufzeichnungen über Art und Menge der verwendeten Rohstoffe sowie die Gewinnung und Reinigung des Alkohols führen muss.

Rechtsvorschriften: § 22 Abs. 2 AlkStV

Das Belegheft

Das Belegheft ist aus steuerrechtlichen Gründen zu führen. Alle relevanten Dokumente, die eine Ausgabe oder Einnahme festhalten, müssen unverzüglich in dem Heft aufgenommen werden.

Rechtsvorschriften: § 22 Abs. 2 AlkStV

Änderung der Verhältnisse

Ändern sich die betrieblichen Verhältnisse des Abfindungsbrenners, so muss dies vor Durchführung dem Hauptzollamt schriftlich gemeldet werden. Dabei kann es zur erneuten Prüfung der Verhältnisse durch das Hauptzollamt kommen.

Rechtsvorschriften: § 20 Abs. 4 i. V. m. § 8 Abs. 1 AlkStV

Erlöschen der Erlaubnis

Die Genehmigung einer Abfindungsbrennerei kann unter anderem durch den Verzicht auf die Genehmigung erlöschen oder durch eine Betriebsübergabe, Betriebsaufgabe oder nach dem Todesfall des Abfindungsbrenners. In solchen Fällen erlischt die Erlaubnis mit einer Frist von drei Monaten.

Historischer Einblick

Die Kunst des Destillierens hat tiefe Wurzeln, die bis in das Zeitalter des Mittelalters und weiter zurückreichen. Die verwendeten Destillierverfahren haben zudem im Laufe der Zeit eine vielfältige und faszinierende Entwicklung durchlaufen. Lassen Sie uns gemeinsam auf eine Zeitreise gehen, um die Meilensteine und Wendepunkte zu erkunden, die die Schnapsbrennerei zu dem gemacht haben, was sie heute ist – eine Kunstform, die nicht nur Geschmack, sondern auch Geschichte und Kultur in jeder Flasche einfängt und vereint.

Ursprung und Geschichte des Schnapsbrennens

Hinweis:
Der nachfolgend dargestellte historische Abriss konzentriert sich vorwiegend auf die europäischen und mittelalterlichen Aspekte der Geschichte des Schnapsbrennens.

Die Tradition der Schnapsbrennerei reicht weit zurück und hat eine interessante Geschichte, die stark mit der Entwicklung von Brennereitechniken, kulturellen Einflüssen und wirtschaftlichen Aspekten verbunden ist. Zunächst begehrt für seine angeblich heilende, aber auch schmerzlindernde und betäubende Wirkung, wurde Alkohol hauptsächlich in der Medizin eingesetzt. Erst im Mittelalter wurde Alkohol schließlich zum Genussmittel. Dort wurde eben nicht mehr nur auf vergorene alkoholische Getränke wie Wein und Bier zurückgegriffen, sondern die Menschen lernten durch die Weiterentwicklung von Brenntechniken und das zunehmende Verständnis der Prozesse beim Brennen, auch hochprozentigen Alkohol herzustellen. Fakt ist jedoch, dass das Wort „Alkohol" auf den arabischen Begriff „Al-kuhl" zurückzuführen ist. Der Begriff sollte etwas besonders Feines und Reines ausdrücken. Erst Paracelsus übernahm den Begriff für eine flüchtige Substanz, welche bei der Destillation von Wein entstand – der heutige Alkohol.

Welches Völkchen nun aber der Erfinder des Destillationsverfahrens ist, lässt sich auch nach enormem Forschungsaufwand in diesem Bereich nicht mit Sicherheit sagen.

Im Folgenden finden Sie einige Eckdaten, die die Geschichte des Schnapsbrennens deutlich geprägt haben:

Erste Belege von Destillationsprozessen

Von einigen Orten und Völkern der Erde ist bekannt, dass sie schon in frühester Vergangenheit Verdampfungsverfahren benutzt haben, um Stoffe herzustellen – obgleich sie auch nicht immer genau wussten und verstanden, was sie taten, oder dieses Verfahren sogar für die Herstellung anderer Stoffe nutzten.

Sumerer des 13. Jahrhunderts v. Chr.:
Es ist heute bekannt, dass die Sumerer des südlichen Mesopotamien sehr einfache Verdampfungsverfahren nutzten. Sie stellten damit jedoch keinen Alkohol, sondern die damals besonders beliebten ätherischen Öle her.

Alte Ägypter:
Einer der ältesten Hinweise auf Destillation stammt möglicherweise aus dem alten Ägypten. Hier wurde die Destillation wahrscheinlich zunächst ebenfalls für medizinische Zwecke verwendet und nicht zur Alkoholherstellung. Die alten Ägypter hatten Wissen über die Gewinnung von ätherischen Ölen aus Pflanzen und nutzten hierzu ebenfalls einfache Verdampfungsverfahren.

Antikes Griechenland und Römisches Reich:
Griechische und römische Gelehrte wie Aristoteles und Plinius der Ältere erwähnten Techniken, bei denen Dämpfe aus einer Flüssigkeit gewonnen wurden. Diese Prozesse waren jedoch noch nicht klar als Destillation definiert.

Arabische Alchemisten:
Während des islamischen Goldenen Zeitalters zwischen dem 8. und 14. Jahrhundert machten arabische Alchemisten bedeutende Fortschritte in der Destillation. Jabir ibn Hayyan, auch als Geber bekannt, führte Experimente durch und beschrieb erste Destillationsmethoden.

Destillationsprozesse im Mittelalter

Die Ursprünge der Schnapsbrennerei lassen sich bis in das Mittelalter zurückverfolgen. Historische Aufzeichnungen deuten darauf hin, dass arabische Alchemisten im 8. Jahrhundert Destillationstechniken entwickelten, die später nach Europa gelangten.

Vor allem mit dem Ausbruch der Pest zwischen 1347 und 1350 begann das gemeine Volk, in großem Maße Alkohol zu destillieren, da dieser nicht nur im Ruf stand, der Krankheit entgegenzuwirken, sondern auch zum Vergnügen getrunken wurde, um der dunklen sorgenvollen Zeit zu entkommen.

Taddeo Alderotti (um 1210–1295) war ein bedeutender Florentiner Arzt und Gelehrter, der im Mittelalter lebte. Er vollbrachte wichtige Beiträge zur Medizin, Chemie und Alchemie. Während seiner Zeit waren Medizin und

Alchemie eng miteinander verbunden und viele Gelehrte betrachteten die Alchemie als integralen Bestandteil der medizinischen Praxis. Auch zu dieser Zeit wurde Alkohol mehr als Heilmittel denn als Genussmittel betrachtet. In seiner Schrift *De virtutibus aquae vitae* („Von den Tugenden des Lebenswassers") beschreibt er die Methode des Destillierens sehr eingehend: „Destilliere, bis du die halbe Menge des eingefüllten Weines aufgefangen hast. Was im Kolben verblieben ist, nimm weg. Das Destillat aber destilliere nochmals und fange davon 7/10 auf, den Rest entferne wiederum aus dem Kolben, das Destillierte destilliere abermals und fange davon 5/7 auf. Das erste Drittel des Destillates ist das beste und brennt, das zweite Drittel taugt weniger, das dritte noch weniger und der Rückstand im Kolben gar nichts."

Mittelalterliche Klöster

Im Mittelalter spielten Klöster eine entscheidende Rolle in verschiedenen Aspekten des täglichen Lebens, darunter auch in der Schnapsbrennerei. Klöster waren nicht nur spirituelle Zentren, sondern auch Orte des Lernens, der Wissenschaft und der Heilkunde. Ihre Bedeutung für die Schnapsbrennerei war vielfältig und manifestierte sich in verschiedenen Aspekten:

Heilkunde und Kräuterkunde

Klöster waren bekannt für ihre Kräutergärten und umfassenden Kenntnisse der Pflanzenmedizin. Mönche und Nonnen in den Klöstern verwendeten Kräuter und Pflanzen nicht nur für medizinische Zwecke, sondern auch für die Herstellung von Likören und Heilgetränken. Dies war oft der Anfang der Verbindung zwischen Klöstern und der Herstellung von aromatisierten Spirituosen.

Destillation in der Medizin

Die Destillation wurde in den Klöstern als Technik zur Gewinnung von Heilwässern und Medikamenten eingesetzt. Mönche erforschten die Destillation nicht nur für medizinische Zwecke, sondern auch als Methode zur Konservierung und Konzentration von Aromen aus Kräutern und Früchten.

Liköre und Kräuterschnäpse

Klöster waren Pioniere bei der Herstellung von Likören und Kräuterschnäpsen. Mönche experimentierten mit verschiedenen Kräutern, Gewürzen und Früchten, um aromatische Spirituosen herzustellen, die nicht nur einen kulinarischen Genuss boten, sondern auch für ihre vermeintlich heilenden Eigenschaften geschätzt wurden.

Brennrecht und Wissenstransfer
In einigen Regionen erhielten Klöster das Brennrecht, was bedeutete, dass sie das Monopol für die Herstellung von Spirituosen hatten. Dies ermöglichte es den Mönchen, ihre Kenntnisse in der Schnapsbrennerei zu vertiefen und weiterzugeben. Das Wissen um Destillationstechniken wurde innerhalb der Klostermauern bewahrt und von Generation zu Generation weitergegeben.

Wirtschaftliche Bedeutung
Die Herstellung von Schnaps und Likören trug ebenfalls oft zur wirtschaftlichen Stabilität der Klöster bei. Der Verkauf von Spirituosen war eine Einnahmequelle, die es den Klöstern ermöglichte, ihre gemeinnützigen Aktivitäten zu finanzieren.

Insgesamt spielten Klöster im Mittelalter eine Schlüsselrolle bei der Entwicklung der Schnapsbrennerei. Ihre Fähigkeiten in der Kräutermedizin, ihr Wissen um Destillationstechniken und ihre wirtschaftliche Stärke trugen dazu bei, dass die Herstellung von Spirituosen in vielen Regionen Europas eine bedeutende Tradition wurde.

Entwicklung von Branntwein

Während der Renaissance in Europa wurde die Destillationstechnik weiter verfeinert und es entstanden die ersten Weinbrände. Der sogenannte Branntwein wird dadurch definiert, dass das Destillat aus Wein gewonnen wird.

Definition: Branntwein
a) Branntwein ist eine Spirituose,
i) die ausschließlich durch Destillation zu weniger als 86 % vol. von Wein oder Brennwein oder durch erneute Destillation eines Weindestillats zu weniger als 86 % vol. gewonnen wird;
ii) die einen Gehalt an flüchtigen Bestandteilen von mindestens 125 g/hl r. A. aufweist;
iii) die einen Höchstgehalt an Methanol von 200 g/hl r. A. aufweist.

b) Der Mindestalkoholgehalt von Branntwein beträgt 37,5 % vol.

Definition: Brandy oder Weinbrand
a) Brandy oder Weinbrand ist eine Spirituose, die
i) aus Branntwein mit oder ohne Zusatz von Weindestillat, das zu weniger als 94,8 % vol. destilliert ist, gewonnen wird, sofern dieses Destillat höchstens 50 % des Alkoholgehalts des Fertigerzeugnisses ausmacht;
ii) in Eichenholzbehältern mindestens ein Jahr oder – bei Eichenholzfässern mit einem Fassungsvermögen von weniger als 1.000 Litern – mindestens sechs Monate gereift ist;
iii) einen Gehalt an flüchtigen Bestandteilen von mindestens 125 g/hl r. A. aufweist, die ausschließlich aus der Destillation bzw. erneuten Destillation der Ausgangsstoffe stammen;
iv) einen Höchstgehalt an Methanol von 200 g/hl r. A. aufweist.

b) Der Mindestalkoholgehalt von Brandy oder Weinbrand beträgt 36 % vol.

Beide Definitionen sind gemäß Anhang II Nr. 4 der Verordnung des Europäischen Parlaments und des Rates zur Begriffsbestimmung, Bezeichnung, Aufmachung und Etikettierung von Spirituosen sowie zum Schutz geografischer Angaben für Spirituosen und zur Aufhebung der Verordnung (EWG) Nr. 1576/89 formuliert.

Die Region Cognac in Frankreich gilt als eine der ersten, die Wein zur Herstellung von Branntwein nutzte. Cognac wurde im 17. Jahrhundert als eine Art „edler" Weinbrand bekannt.

In den folgenden Jahrhunderten entwickelte sich die Weindestillation weiter. Verschiedene Länder und Regionen in Europa begannen, ihre eigenen Weinbrände zu produzieren, darunter der spanische Brandy, der italienische Grappa und der deutsche Weinbrand.

Aufkommen von Obstbränden

Im Laufe der Zeit begannen Obstbrände, wie beispielsweise der deutsche Obstler oder der französische Calvados, an Bedeutung zu gewinnen. Diese Destillate wurden aus verschiedenen Obstsorten hergestellt und trugen zu einer größeren Vielfalt in der Schnapsbrennerei bei. Der Obstler ist eine Obstbranntweinsorte, die vor allem in Deutschland und Österreich bekannt ist.

Definition: Obstler

a) Brand aus Obsttrester ist eine Spirituose, für die folgende Bedingungen gelten:
i) sie wird ausschließlich durch Gärung und Destillation von Obsttrestern, ausgenommen Traubentrester, zu weniger als 86 % vol gewonnen;
ii) sie weist einen Gehalt an flüchtigen Bestandteilen von mindestens 200 g/hl r. A. auf;
iii) sie weist einen Methanolgehalt von höchstens 1 500 g/hl r. A. auf;
iv) der Blausäuregehalt bei Brand aus Steinobsttrester beträgt höchstens 7 g/hl r. A.;
v) die erneute Destillation zu demselben Alkoholgehalt im Sinne der Ziffer i ist zulässig.

b) Der Mindestalkoholgehalt von Obsttresterbrand beträgt 37,5 % vol.

Die Definition ist gemäß Anhang II Nr. 4 der Verordnung des Europäischen Parlaments und des Rates zur Begriffsbestimmung, Bezeichnung, Aufmachung und Etikettierung von Spirituosen sowie zum Schutz geografischer Angaben für Spirituosen und zur Aufhebung der Verordnung (EWG) Nr. 1576/89 formuliert.

Die Ursprünge des Obstlers lassen sich bis ins 19. Jahrhundert zurückverfolgen. In dieser Zeit wurde in ländlichen Gebieten Deutschlands und Österreichs damit begonnen, Obstbrände herzustellen. Kleinbrennereien auf Bauernhöfen destillierten Obst, um es länger haltbar zu machen und gleichzeitig alkoholische Getränke zu gewinnen.

Regulierung und Besteuerung

Mit der wachsenden Verbreitung von Brennereien und dem erheblich gesteigerten Konsum von Alkohol in der Bevölkerung entschieden sich Regierungen vor allem in Europa, verschiedene Regelungen und Besteuerungen für die Herstellung und den Konsum von sowie für den Handel mit Spirituosen einzuführen. Dies hatte nicht nur wirtschaftliche, sondern auch soziale und gesundheitliche Gründe. Die Schaffung von Regulierungen im 16. und 17. Jahrhundert führte zur Entstehung von Brennereigesetzen und zur Schaffung von Berufsständen wie den Branntweinbrennern.

England

Im 16. Jahrhundert erließ England eine Reihe von Gesetzen, die die Produktion und den Verkauf von Alkohol regulierten. Dazu gehörten Bestimmungen zur Lizenzierung von Brennereien und zum Verkauf von Spirituosen.

Die Gin Act von 1736 und 1751 waren wichtige Regulierungen, die auf den exzessiven Konsum von Gin in London reagierten. Sie führten zu strengeren Lizenzierungsvorschriften und höheren Steuern.

Frankreich

Unter der Regierung von Ludwig XIV. wurden im 17. Jahrhundert in Frankreich Regulierungen für die Weinproduktion und den Handel erlassen. Das Edikt von Saint-Germain-en-Laye von 1673 und das Edikt von Beaune von 1700 waren wichtige Schritte in diesem Prozess.

Die königlichen Edikte zielten darauf ab, die Qualität des Weins zu verbessern, Steuereinnahmen zu sichern und den Handel zu kontrollieren.

Schweden

Schweden führte im 17. Jahrhundert ebenfalls Gesetze ein, die den Alkoholkonsum einschränkten und den Verkauf regelten. Diese Regulierungen betrafen insbesondere den Konsum von Branntwein und anderen Spirituosen.

Die Bestimmungen legten fest, wer Alkohol verkaufen durfte, und versuchten, den exzessiven Konsum zu kontrollieren.

Niederlande

Auch in Holland wurden im 17. Jahrhundert Regulierungen eingeführt, um den Handel mit Alkohol zu kontrollieren. Dies betraf insbesondere den Genever, eine Art Wacholderschnaps.

Bestimmungen zur Lizenzierung von Destillerien und zum Verkauf wurden erlassen, um Qualität und Handel zu regulieren.

Diese Regulierungen waren die Vorläufer moderner Gesetze zur Kontrolle des Alkoholkonsums und der -produktion. Sie spiegeln die sozialen und wirtschaftlichen Bedenken der Zeit wider, darunter die Sorge um die öffentliche Ordnung, die Qualität von Getränken und die Sicherung von Steuereinnahmen.

Alkohol in Deutschland

Auch Deutschland erlebte im 16. und 17. Jahrhundert eine zunehmende Regulierung und Kontrolle des Alkoholkonsums, der Produktion und des Handels. Dies geschah vor dem Hintergrund sozialer, wirtschaftlicher und gesundheitlicher Aspekte.

Bierverordnungen und Brauregulierungen

In vielen deutschen Städten und Regionen wurden bereits im Mittelalter Bierverordnungen erlassen, die die Herstellung und den Verkauf von Bier regelten. Diese Regelungen umfassten Qualitätsstandards, Verkaufszeiten und -orte sowie Steuern.

Brauregulierungen wurden eingeführt, um die Qualität des Biers sicherzustellen und den Wettbewerb zwischen den Brauereien zu kontrollieren.

Destillationsregulierungen

Mit der Verbreitung der Schnapsbrennerei wurden im 16. und 17. Jahrhundert in einigen deutschen Ländern ebenfalls erste Gesetze und Verordnungen zur Destillation erlassen.

Diese Regulierungen legten fest, wer destillieren durfte, welche Rohstoffe verwendet werden durften und wie der Verkauf von Destillaten kontrolliert wurde.

Steuern und Abgaben

Die Besteuerung von Alkohol spielte eine zunehmend wichtige Rolle. Die Erhebung von Steuern auf alkoholische Getränke diente sowohl der Finanzierung staatlicher Ausgaben als auch der Kontrolle des Konsums.

Die Besteuerung konnte je nach Art des Alkohols variieren, wobei Branntwein oft höher besteuert wurde als Bier.

Religiöse Einflüsse

In einigen deutschen Regionen, besonders in protestantisch geprägten Gebieten, hatten religiöse Überlegungen Einfluss auf die Alkoholregulierung. Zum Beispiel wurden in einigen protestantischen Regionen strenge Vorschriften zur Eindämmung von Trinkgelagen erlassen.

Diese Entwicklungen in der Alkoholregulierung trugen dazu bei, den Alkoholkonsum zu kontrollieren, die Qualität von Getränken zu sichern und staatliche Einnahmen zu generieren. Sie bildeten den Rahmen für spätere Gesetzgebungen und Vorschriften im Bereich der Alkoholregulierung in Deutschland.

Industrielle Revolution

Im 19. Jahrhundert trugen technologische Fortschritte, insbesondere im Bereich der Dampfmaschinen, zur Effizienzsteigerung in der Schnapsproduktion bei. Dies ermöglichte eine größere Produktion und enorme Fortschritte in der Verbreitung von Spirituosen. Folgende Aspekte änderten sich im Zeitalter der Industrialisierung:

1. Technologische Fortschritte:
Die Industrielle Revolution brachte bedeutende technologische Innovationen mit sich, darunter auch in der Schnapsbrennerei. Fortschritte in der Maschinenbau- und Chemietechnik ermöglichten eine effizientere Destillation und Bearbeitung von Rohstoffen.

2. Verbesserte Destillationsapparate:
Neue Destillationsgeräte wurden entwickelt, die eine genauere Kontrolle über den Destillationsprozess ermöglichten. Dies führte zu einer verbesserten Qualität der hergestellten Spirituosen.

3. Massenproduktion:
Die Industrielle Revolution brachte eine Verschiebung von handwerklichen Produktionsmethoden zu industriellen Massenproduktionsverfahren mit sich. Dies galt auch für die Schnapsbrennerei, wo größere Mengen effizienter hergestellt werden konnten.

4. Entwicklung von Brennereiunternehmen:
Mit der Möglichkeit der Massenproduktion entstanden große Brennereiunternehmen, die aufgrund ihrer Größe und Effizienz wettbewerbsfähiger waren. Kleinere handwerkliche Brennereien konnten sich jedoch oft ebenfalls durch die Herstellung qualitativ hochwertiger Produkte behaupten.

5. Veränderungen in der Rohstoffbeschaffung:
Die Industrielle Revolution führte zu Veränderungen in der Landwirtschaft und der Rohstoffbeschaffung. Größere landwirtschaftliche Betriebe konnten durch den Einsatz neuer Technologien mehr Obst oder Getreide für die Schnapsproduktion liefern.

6. Globalisierung des Handels:
Die Entwicklung von Dampfschiffen und Eisenbahnen ermöglichte den einfacheren Transport von Rohstoffen wie Getreide oder Zuckerrohr für die Spirituosenherstellung. Dies trug ebenfalls zur Globalisierung des Handels mit Spirituosen bei.

7. Qualitätskontrolle und Standardisierung:
Durch technologische Fortschritte konnte eine bessere Qualitätskontrolle und Standardisierung in der Schnapsproduktion eingeführt werden. Dies half, konsistente Produkte herzustellen und das Vertrauen der Verbraucher zu gewinnen.

8. Marketing und Markenbildung:
Die Industrielle Revolution erleichterte auch das Marketing und die Markenbildung. Größere Brennereien konnten ihre Produkte effektiver bewerben und auf breiterer Basis verkaufen.

Die Industrielle Revolution hatte also tiefgreifende Auswirkungen auf die Schnapsbrennerei, von der Produktionstechnik über die Rohstoffbeschaffung bis hin zu Marketing und Vertrieb. Diese Veränderungen prägten die Branche nachhaltig und legten den Grundstein für die moderne Spirituosenproduktion.

Prohibition und ihre Folgen

In einigen Ländern, wie beispielsweise den USA, führte die Prohibition in den 1920er und 1930er Jahren zu einem Verbot von Alkohol. Dies hatte negative Auswirkungen sowohl auf legale Brennereien als auch auf die Entwicklung von Schwarzbrennereien.

Die Prohibition mit Beginn in den 1920er Jahren markiert eine der bemerkenswertesten Epochen in der Geschichte der Vereinigten Staaten, geprägt von einem landesweiten Verbot des Verkaufs, der Herstellung und des Transports von alkoholischen Getränken. Diese Ära, die von 1920 bis 1933 dauerte, war das Ergebnis des 18. Verfassungszusatzes, der am 17. Januar 1920 in Kraft trat. Ziel war es, die moralischen und sozialen Probleme, die mit dem übermäßigen Alkoholkonsum verbunden waren, zu lösen.

Die Prohibition wurde von Anhängern als Mittel zur Verbesserung der öffentlichen Ordnung, zur Förderung der Gesundheit und zur Stärkung der Familienwerte angesehen. Gegner sahen darin eine Verletzung persönlicher Freiheiten und befürchteten einen dramatischen Anstieg von Schwarzmarktaktivitäten.

Dennoch waren die Auswirkungen der Prohibition vielfältig und oft paradox. Einerseits führte das Verbot zu einem Rückgang des Alkoholkonsums, insbesondere in den städtischen Gebieten, andererseits löste die Untergrundindustrie einen Anstieg des illegalen schwarzen Alkoholmarktes und eine Zunahme organisierter Kriminalität aus. Die Schmuggel- und Schleichhandelsaktivitäten blühten auf. Alkohol wurde illegal über Grenzen transportiert und geheime Bars, sogenannte „Speakeasies“, entstanden landesweit. Diese Untergrundlokale wurden zu Zentren sozialer Aktivitäten, die oft von Gangstern kontrolliert wurden.

Der Prohibition fehlten die erwarteten sozialen Vorteile und das organisierte Verbrechen erlebte einen beispiellosen Aufschwung. Gangster wie Al Capone wurden zu bekannten Figuren, die durch Schmuggel, Schutzgelderpressung und illegale Bars große Gewinne erzielten.

Trotz der Schwierigkeiten bei der Durchsetzung der Prohibition wurden bundesstaatliche Behörden, unterstützt von der Polizei, eingesetzt, um illegale Alkoholaktivitäten zu bekämpfen. Dennoch waren diese Bemühungen oft wenig erfolgreich, da viele Bürger, darunter sogar Polizisten und Beamte, die Prohibition nicht unterstützten. Die Widerstände gegen die Prohibition wuchsen mit der Zeit. Die Menschen begannen, die irrationalen und kontraproduktiven Aspekte des Verbots zu erkennen. Der 21. Verfassungszusatz im Jahr 1933 hob schließlich die Prohibition auf und beendete offiziell das landesweite Verbot von Alkohol.

Die Zeit der Prohibition hinterließ einen nachhaltigen Einfluss auf die US-Gesellschaft. Die Ära zeigte, dass die Versuche, moralische Werte durch Gesetze zu erzwingen, oft zu unerwünschten Konsequenzen führen können. Die Prohibition führte nicht zu einer besseren Gesellschaft, sondern löste vielmehr eine Reihe von sozialen Problemen aus, die die Vereinigten Staaten nachhaltig beeinflussten und den Blick auf die Regulierung persönlichen Verhaltens veränderten.

Moderne Schnapsbrennerei

In der heutigen Zeit erlebt die Schnapsbrennerei eine Renaissance, insbesondere im Bereich der handwerklichen Produktion. Kleinbrennereien und Hobbybrenner setzen verstärkt auf hochwertige, lokale Produkte und experimentieren mit neuen Aromen und Techniken.

ENTWICKLUNG VON BRENNMETHODEN IM LAUFE DER ZEIT

Auch die Methoden zur Herstellung von Alkohol mittels Destillation unterliegen einer enormen Entwicklung im Laufe der Zeit. Von primitivsten Brennmethoden bis hin zur modernen Destillation von Alkohol ist es eine lange Reise durch die Epochen der Zeit mit den unterschiedlichsten Brenntechniken. Im Folgenden finden Sie eine Zusammenstellung der wichtigsten Schritte in der Entwicklung von Brennmethoden:

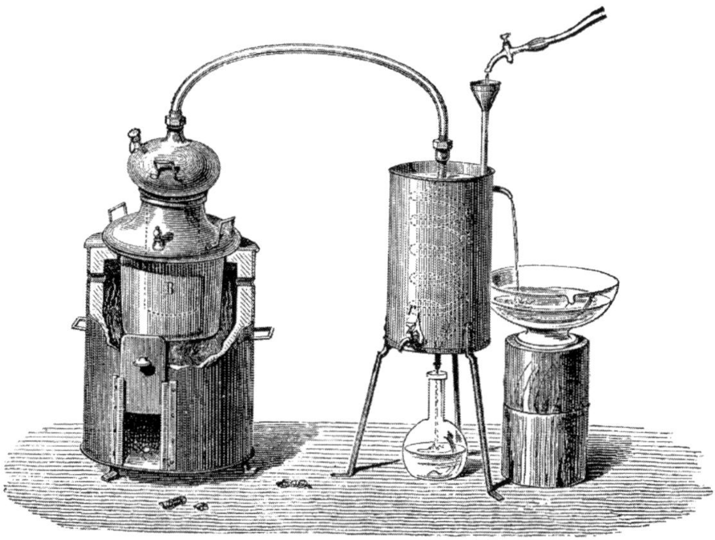

1. Gärung und Fermentation

Eine der primitivsten Methoden zur Herstellung alkoholischer Getränke ist die natürliche Gärung von Früchten oder Getreide. Mikroorganismen, insbesondere Hefen, wandeln Zucker in Alkohol um. Dieser Prozess wurde schon in prähistorischer Zeit genutzt.

Exkurs: Gärung und Fermentation

Gärung: Die Gärung ist ein uralter biochemischer Prozess, der schon in der Antike von Menschen entdeckt und genutzt wurde. Hefen, als Hauptakteure dieses Prozesses, wurden bereits vor Jahrtausenden für die Umwandlung von Zucker in Alkohol und Kohlendioxid verwendet. Diese frühen Menschen entdeckten, dass Früchte und Getreide, wenn sie in Kontakt mit Hefe kommen, in einem fermentativen Prozess zu berauschenden Getränken wie Wein oder Bier umgewandelt werden können. Diese primitiven Formen der Gärung dienten nicht nur der Getränkeherstellung, sondern auch der Konservierung von Lebensmitteln. Die Gärung entwickelte sich im Laufe der Zeit zu einem essentiellen Bestandteil der menschlichen Ernährung und Kultur. Von den antiken Zivilisationen bis zur mittelalterlichen Klosterbraukunst wurde die Gärung weiterentwickelt und verfeinert, wobei verschiedene Kulturen ihre eigenen einzigartigen Getränke und fermentierten Lebensmittel schufen.

Fermentation: Fermentation als umfassenderer Begriff reicht ebenfalls weit zurück in die Geschichte. Die Milchsäuregärung, bei der Bakterien Milchzucker in Milchsäure umwandeln, wurde bereits von den alten Ägyptern in der Käseherstellung angewendet. Ähnlich wurde die Essigsäuregärung, die zur Herstellung von Essig genutzt wird, schon in der Antike praktiziert. Die Fermentation spielte eine entscheidende Rolle in der Konservierung von Lebensmitteln, besonders in Zeiten ohne moderne Kühlung. In vielen Kulturen wurde fermentierte Nahrung geschätzt, nicht nur wegen ihres Geschmacks, sondern auch wegen ihrer Haltbarkeit und ihrer positiven Auswirkungen auf die Verdauung. Gärung und Fermentation sind somit nicht nur grundlegende biologische Prozesse, sondern auch wichtige Elemente der menschlichen Geschichte und Kultur. Die Entdeckung und Nutzung dieser Prozesse trugen zur Vielfalt unserer Lebensmittel und Getränke bei und beeinflussten die Entwicklung von Traditionen und kulinarischen Praktiken auf der ganzen Welt.

2. Einfache Destillation:

Vor der Entwicklung komplexer Destillationsapparate wurden einfache, primitivere Formen der Destillation angewendet. Auch wenn der Prozess dahinter noch nicht vollständig verstanden wurde, fanden die Menschen damals dennoch heraus, dass sich Flüssigkeiten durch ihre unterschiedlichen Siedepunkte trennen lassen bzw. dass neuartige Flüssigkeiten entstehen, wenn Gemische erhitzt werden und die Dämpfe wieder kondensieren. In früherer Zeit könnten dafür zum Beispiel dampfgetriebene Destillationsgeräte mit einfachen Behältern verwendet worden sein, um Alkohol zu destillieren. Diese einfache Destillationsmethode wurde in der Frühzeit in verschiedenen Kulturen für die Herstellung von Branntwein und einfachen Destillaten eingesetzt. Diese verwendeten frühen Destillationsapparate waren oft primitiv und wenig effizient, aber sie erfüllten den Zweck der Konzentration von Alkohol. Das Hauptziel der einfachen Destillation in der Vergangenheit lag auf der Konzentration von Alkohol, um Getränke mit höherem Alkoholgehalt zu produzieren. Die einfache Destillation war ein früher Schritt in der Entwicklung der Destillationstechniken und diente als Grundlage für fortschrittlichere Methoden, die im Laufe der Zeit entwickelt wurden.

3. Destillation in Tongefäßen und über Feuer:
In einigen Kulturen wurden Tongefäße verwendet, um alkoholische Getränke zu destillieren. Diese waren weniger effizient als moderne Destillationsapparate, aber sie dienten dem Zweck der Konzentration von Alkohol. Außerdem wurde über offener Flamme destilliert. Dabei wurde das Destillationsgefäß direkt erhitzt und die Dämpfe wurden über eine Art Kühlsystem kondensiert. Nachteil einer Destillation über offener Flamme ist die fehlende Regulierung der Temperatur. Aufgrund der ungleichmäßigen Erwärmung und schlechten Temperaturkontrolle kann die Destillation zu einem Qualitätsverlust führen. Aromen können verloren gehen und das Endprodukt kann unerwünschte Verunreinigungen enthalten.

4. Dampfdestillation mit Naturmaterialien:
Einige Kulturen nutzten Pflanzenmaterialien oder natürliche Rohstoffe für die Dampfdestillation. Dampf wurde durch Pflanzenmaterialien geleitet, um Aromen und Wirkstoffe zu extrahieren.

Es sollte betont werden, dass diese primitiveren Methoden oft weniger kontrolliert und weniger effizient waren als moderne Brennverfahren. Mit der Zeit wurden sie durch fortschrittlichere Techniken abgelöst, die eine genauere Steuerung des Destillationsprozesses ermöglichten und eine höhere Qualität der produzierten Spirituosen gewährleisteten.

Die Entwicklung der verschiedenen Brennmethoden erstreckt sich über Jahrhunderte und es ist oft schwierig, genaue Jahreszahlen für ihre Einführung anzugeben. Dennoch kann ein grober zeitlicher Überblick gegeben werden:

5. Pot-Still-Verfahren:
Das Pot-Still-Verfahren ist eine der traditionellsten Methoden, um Alkohol zu gewinnen. Im Gegensatz zu anderen Brennmethoden erfolgt die Destillation in einzelnen Chargen, das Destillat wird in mehreren Brennvorgängen gewonnen, was als diskontinuierliche Destillation bezeichnet wird.

Definition: kontinuierliche und diskontinuierliche Destillation
Bei der kontinuierlichen Destillation wird der Destillationsprozess ohne Unterbrechung durchgeführt. Das Destillat fließt kontinuierlich durch die Brennvorrichtung, wodurch eine konstante Produktion von Alkohol erreicht wird. Kontinuierliche Destillation wird oft in großen Brennereien für die Massenproduktion von Spirituosen wie Wodka, Gin und bestimmte Arten von Rum verwendet. Sie ermöglicht eine effiziente Trennung von Alkohol und anderen Bestandteilen.

Die diskontinuierliche Destillation hingegen erfolgt in Chargen oder Einzeldurchläufen. Das Destillat wird in einem einzelnen Brennkessel, welcher oft als Pot Still bezeichnet wird, destilliert. Nach jeder Charge muss die Brennvorrichtung neu befüllt werden und die einzelnen Schritte des Prozesses werden wiederholt. Diese Methode wird häufig für die Herstellung von hochwertigen Spirituosen wie Single Malt Whisky, Obstbränden und bestimmten Arten von Brandy verwendet.

Im Vergleich zu kontinuierlichen Destillationsmethoden ist das Pot-Still-Verfahren weniger effizient, da es mehr Zeit in Anspruch nimmt und weniger Alkohol in kürzerer Zeit produziert. Allerdings wird oft argumentiert, dass die langsamere Destillation und die geringere Effizienz dazu beitragen, komplexere Aromen und eine höhere Qualität des Endprodukts zu erzeugen. Pot Stills sind zumeist eng mit bestimmten Regionen und Traditionen verbunden. Brennereien, die heute noch Pot Stills verwenden, legen Wert auf traditionelles Handwerk und die Erhaltung historischer Herstellungsmethoden.

Das Pot-Still-Verfahren ermöglicht zudem eine größere Flexibilität für den Brennmeister, da er den Brennvorgang intensiver steuern und anpassen kann. Dies ergibt eine größere Individualität in Bezug auf Aromen und Geschmack des Endprodukts.

Pot Stills haben allerdings nicht nur eine technische Bedeutung, sondern sind auch kulturell wichtig. In Schottland und Irland wurden Pot Stills zu einem Symbol der regionalen Identität und Tradition. Die spezifischen Formen und Designs der Pot Stills wurden zu Markenzeichen für verschiedene Brennereien. Im Laufe der Jahrhunderte wurden die Pot Stills weiterentwickelt und verfeinert. Die handwerkliche Kunst der Destillation, über Generationen weitergegeben, war oft das gut gehütete Geheimnis einer Brennerei. Die kleinen, unregelmäßigen Formen der Pot Stills trugen dabei zu einzigartigen Aromen und Charakteristiken in den destillierten Spirituosen bei.

Trotz des Fortschritts und der Einführung moderner Destillationsmethoden haben viele Brennereien, insbesondere in der Herstellung von Single Malt Whisky und handwerklichen Branntweinen, bis heute die Verwendung von Pot Stills beibehalten. Dies spiegelt den Wunsch wider, Traditionen zu bewahren und einzigartige, hochwertige Spirituosen herzustellen.

6. Kolonnenbrennerei:

Die kontinuierliche Destillationsmethode der Kolonnenbrennerei zeichnet sich, im Gegensatz zum Pot-Still-Verfahren, durch ihren industriellen Charakter aus. Sie ermöglicht eine fortlaufende Destillation, bei der Rohstoffe kontinuierlich in die Anlage eingebracht werden. Dadurch bietet die Methode eine hohe Effizienz und Produktionskapazität. Die Kolonnenbrennerei trennt Alkohol und andere Bestandteile in mehreren Stufen und ermöglicht die Herstellung großer Mengen klarer und neutraler Spirituosen. Diese Technik findet besonders Anwendung bei der Produktion von Wodka, Gin und klarem Rum.

Die Ursprünge der Kolonnenbrennerei lassen sich bis in das 19. Jahrhundert zurückverfolgen. Der irische Erfinder Aeneas Coffey wird oft mit der Entwicklung der ersten funktionierenden Kolonnenbrennerei im Jahr 1830 in Verbindung gebracht. Seine Erfindung war eine Reaktion auf die steigende Nachfrage nach erschwinglichem Alkohol in der Industriellen Revolution.

Lebenslauf Aeneas Coffey

Aeneas Coffey (1780–1852) war ein irischer Steuerbeamter und Ingenieur, der für seine wegweisenden Beiträge zur Entwicklung der Brennereitechnologie bekannt ist, insbesondere für die Erfindung der Coffey-Destillationsanlage.

Geburt und Ausbildung:
Aeneas Coffey wurde 1780 in der Grafschaft Dublin, Irland, geboren. Über seine Ausbildung ist wenig bekannt, aber es wird angenommen, dass er eine technische Ausbildung genossen hat.

Berufliche Laufbahn:
Coffey begann seine Karriere als Steuerbeamter im britischen Zoll- und Akzisedienst in Irland. Seine beruflichen Erfahrungen im Zusammenhang mit der Überwachung von Brennereien und der Besteuerung von Spirituosen legten den Grundstein für sein späteres Interesse an der Verbesserung von Destillationsverfahren.

Die Coffey-Destillationsanlage:
In den 1830er Jahren entwickelte Aeneas Coffey die nach ihm benannte Coffey-Destillationsanlage, auch als Patent- oder Kolonnenbrennerei bekannt. Dieses innovative System ermöglichte eine kontinuierliche Destillation im Gegensatz zur diskontinuierlichen Destillation in Pot Stills. Diese effizientere und kostengünstigere Produktion von neutralen Alkoholen trug zur Massenproduktion von Spirituosen wie Gin und Wodka bei.

Bedeutung und Einfluss:
Aeneas Coffeys Destillationsanlage revolutionierte die Spirituosenindustrie, indem sie effizientere und wirtschaftlichere Produktionsmethoden ermöglichte. Diese Technologie fand weltweit Verbreitung und hatte einen erheblichen Einfluss auf die Entwicklung von klaren und neutralen Spirituosen.

Spätere Jahre und Tod:
Nachdem er seine Erfindung patentiert hatte, zog sich Aeneas Coffey aus dem Zolldienst zurück und konzentrierte sich auf die Vermarktung seiner Destillationsanlage. Er starb im Jahr 1852.

Besonders während der Industriellen Revolution stieg die Nachfrage nach erschwinglichem Alkohol stark an. Die traditionelle Pot-Still-Methode war zeitaufwändig und nicht ideal für die Massenproduktion. Die Kolonnenbrennerei allerdings erwies sich als effiziente Lösung, da sie einen kontinuierlichen Fluss von Destillat ermöglichte. Daher verbreitete sich die Methode der Kolonnenbrennerei in der zweiten Hälfte des 19. Jahrhunderts und im frühen 20. Jahrhundert rasant und revolutionierte die Spirituosenindustrie. Sie ermöglichte die Produktion großer Mengen alkoholischer Getränke und trug zur Entstehung von Marken und Standardprodukten bei. Die Kolonnenbrennerei fand Anwendung in verschiedenen Bereichen, nicht nur bei klaren Spirituosen. Auch die Herstellung von Rum, der traditionell in Pot Stills destilliert wurde, wurde durch die Einführung von Kolonnenbrennereien modernisiert.

Im Laufe der Zeit wurden auch die Kolonnenbrennereien weiterentwickelt und verfeinert. Moderne Anlagen verwenden oft mehrere Säulen und verschiedene Stufen, um eine präzisere Trennung von Alkohol und anderen Bestandteilen zu ermöglichen.

8. Doppelte Destillation:

Die Doppeldestillation unterscheidet sich von anderen Brennmethoden, insbesondere von einfachen Destillationsverfahren, durch die Anwendung eines zweistufigen Prozesses. Dabei durchläuft das fertige Destillat die Brennapparatur ein zweites Mal.

Während des Mittelalters übernahmen vor allem Klöster die Kunst der Doppeldestillation. Klosterbrände wie der Chartreuse-Likör wurden durch diese Methode hergestellt. Die Mönche erkannten, dass die zweite Destillation dazu beitrug, unerwünschte Elemente zu entfernen und ein reineres Endprodukt zu erzeugen.

Im 19. Jahrhundert erlebte die Doppeldestillation in Irland und Schottland einen Aufschwung. Hier wurde die Methode vor allem für die Herstellung von Whisky verwendet. Schottischer Malt Whisky und irischer Pot Still Whiskey werden häufig durch die Doppeldestillation hergestellt, wodurch komplexe Aromen und eine gewisse Öligkeit entstehen. Die Verbindung zwischen Pot-Still-Verfahren und Doppeldestillation ist stark. Viele Brennereien, die Pot Stills verwenden, entscheiden sich auch für die Doppeldestillation, um die Aromenvielfalt zu maximieren und ein charaktervolles Destillat zu erzeugen.

Heutzutage ist die Doppeldestillation in der Herstellung von hochwertigen Spirituosen weit verbreitet. Die Methode wird nicht nur für Whisky verwendet, sondern auch für Brandy, Rum und verschiedene Obstbrände. Brennereien auf der ganzen Welt setzen auf die Doppeldestillation, um die Qualität und den Charakter ihrer Produkte zu steigern.

9. Infusion und Aromatisierung:
Traditionell werden beide Methoden seit Jahrhunderten praktiziert, mit kontinuierlichen Entwicklungen in der Herstellung von Likören und aromatisierten Spirituosen.

Bei der **Infusion** werden zusätzliche Aromen, Kräuter, Gewürze oder Früchte nach der Destillation in die Spirituose eingeführt. Im Gegensatz zur Destillation, bei der die Aromen durch Hitze und Verdampfung während des Destillationsprozesses extrahiert werden, erfolgt die Infusion nachträglich. Die Infusion ist im Vergleich zur Destillation eine einfachere Methode. Sie erfordert in der Regel das Eintauchen der gewünschten Zutaten in die Spirituose und eine Ruhezeit, während die Aromen über einen längeren Zeitraum extrahiert werden. Infusion ermöglicht eine größere Flexibilität bei der Auswahl der Aromen und erlaubt es, kreative und einzigartige Geschmacksprofile zu schaffen. Dieser Prozess eignet sich besonders gut für die Herstellung von aromatisiertem Wodka, Gin oder Likören.

Bei der **Aromatisierung** werden nicht nur natürliche Aromen, sondern auch oft Süßstoffe oder Zucker hinzugefügt, um die Spirituose zu verfeinern. Dies unterscheidet sich von der Destillation, bei der die Aromen ausschließlich aus den Rohstoffen extrahiert werden. Die Aromatisierung ist eine äußerst vielseitige Methode, die bei verschiedenen Spirituosen verwendet wird, darunter Wodka, Rum, Gin und Liköre. Durch die Zugabe von Aromen und Süßstoffen können Hersteller eine breite Palette von Geschmacksrichtungen kreieren. Oft wird die Aromatisierung auch mit der Destillation kombiniert, um komplexe Spirituosen herzustellen. Dies kann beispielsweise bei der Herstellung von fruchtigen Schnäpsen oder aromatisierten Whiskys der Fall sein.

Auf einen Blick:
Hier finden Sie einen Überblick über die unterschiedlichen Methoden der Alkoholherstellung:

Methode	**Zeitraum**	**Bemerkungen**
Gärung und Fermentation	Antike bis heute	primitivste Form der Alkoholherstellung, biologischer Prozess
Einfache Destillation	Antike bis Mittelalter	frühe Formen der Destillation, oft mit primitiven Apparaten
Destillation in Tongefäßen	Antike bis Mittelalter	frühe Destillation mit Verwendung von Tongefäßen
Pot Still (Diskontinuierliche Destillation)	Mittelalter bis Renaissance	Verbesserung der Destillation mit Pot Stills
Kolonnenbrennerei (Kontinuierliche Destillation)	19. Jahrhundert	effizientere kontinuierliche Destillation mit Kolonnen
Doppelte Destillation	Mittelalter bis Renaissance	erhöhte Reinheit von destillierten Produkten
Infusion und Aromatisierung	historisch, seit der Antike bis heute	traditionelle Methoden zur Aromatisierung von Spirituosen

Rohstoffe und ihre Auswahl

In der Schnapsbrennerei können viele verschiedene Rohstoffe verwendet werden, um eine große Variation an Spirituosen herzustellen. Es muss sich lediglich um Rohstoffe handeln, die bereits Alkohol enthalten oder durch Gärung alkoholhaltige Flüssigkeiten entwickeln. Von ganz besonderer Bedeutung ist außerdem ein bestimmter Qualitätsstandard, um auch ein unbedenkliches und geschmacklich einwandfreies Endprodukt zu erhalten. Dabei sollten die sogenannten **„großen Drei"** Beachtung und Anwendung finden:

- Gesundheit,
- Sauberkeit,
- Reife.

Für die Alkoholproduktion sollten nur möglichst frische Rohstoffe, die keine anderen Mängel aufweisen, verwendet werden, denn diese Eigenschaften der Ausgangsstoffe haben einen enormen Einfluss auf den späteren Geschmack und den Geruch des Schnapses.

Gesundheit: Faules oder krankes Obst oder Gemüse kann schon vor der Verarbeitung Krankheitserreger und ungewollte Bakterien in die Maische einbringen. Dadurch entstehen hohe Anteile an Mykotoxinen im Schnaps, die bei längerer Einnahme stark gesundheitsschädigend sein können. Auch angeschlagene Früchte sollten nicht verwendet werden. Oxidationsaromen bilden sich in den angeschlagenen Früchten, welche sich dann ebenfalls auf den Schnaps übertragen.

Sauberkeit: Bei der Schnapsproduktion wird mit Lebensmitteln gearbeitet, daher finden auch die gesetzlichen Bestimmungen für Lebensmittel Anwendung. Sauberkeit ist daher einer der wichtigsten Punkte bei der Schnapsproduktion. Vom Boden aufgelesene Früchte müssen beispielsweise mit Trinkwasser gereinigt werden. Bei der Verwendung von Knollenfrüchten ist eine Reinigung besonders wichtig, um diese von in der Erde vorkommenden Bakterien zu reinigen. Bei Verschmutzung könnte eine Fehlgärung die Folge sein.

Reife: Auch auf die Reife der Rohstoffe sollte geachtet werden. Unreife Früchte geben zu wenige Aromen an den Schnaps ab. Außerdem wirken Schnäpse aus unreifen Früchten durch den fehlenden Zuckergehalt oft wässrig und unvollkommen. Aber auch überreife Früchte führen zu einem ungewollt „staubigen" Geschmack. Daher ist der richtige Erntezeitpunkt von großer Bedeutung für das spätere Endergebnis.

Für die Schnapsherstellung können alle zuckerhaltigen und damit gärfähigen Rohstoffe verwendet werden. Dafür kommen demnach heimische Obst-, Gemüse- und Getreidesorten in Frage. Generell gilt: Je qualitativ hochwertiger das Ausgangsmaterial ist, desto geschmackvoller ist auch das Endprodukt. Besonders zu achten ist auf

- saubere und gesunde Früchte,
- ein typisches und starkes Aroma sowie
- ein hoher Stärke- oder Zuckergehalt.

Obst

Die Verwendung von Obst in der Schnapsbrennerei ist eine traditionelle und beliebte Methode, um aromatische Obstbrände herzustellen. Je intensiver Früchte dabei riechen und schmecken, desto fruchtiger und vor allem erkennbarer wird auch später der Schnaps. Folgende Dinge sind bei der Verwendung von Obst zu beachten:

1. Auswahl des Obstes:

In keinem anderen Feld der Schnapsbrennerei gibt es größere Auswahlmöglichkeiten als bei der Herstellung von Obstbränden. Die verschiedensten Obstsorten können für die Herstellung von Obstbränden genutzt werden. Äpfel, Birnen, Kirschen, Pflaumen und Beeren sind nur einige Beispiele. Dabei beeinflusst die optimale Reife des Obstes den Geschmack des Endprodukts enorm. Einige Obstsorten sollten vollreif sein, während andere für den idealen Geschmack eher leicht unreif verwendet werden.

Optimaler Reifegrad einiger Obstsorten:

Obstsorte	Optimaler Reifegrad für das Brennen
Äpfel	leicht unreif bis überreif
Birnen	leicht unreif bis überreif
Pflaumen	leicht unreif bis überreif
Kirschen	vollreif bis leicht überreif
Himbeeren	vollreif bis leicht überreif
Erdbeeren	vollreif bis leicht überreif
Brombeeren	vollreif bis leicht überreif
Johannisbeeren	vollreif bis leicht überreif
Pfirsiche	leicht unreif bis überreif
Aprikosen	vollreif bis leicht überreif
Quitten	vollreif bis überreif
Trauben	leicht unreif bis überreif
Holunderbeeren	vollreif bis leicht überreif
Hagebutten	vollreif bis leicht überreif

2. Vorbereitung des Obstes:

Das Obst sollte gründlich gewaschen und dann zerkleinert werden, um den Saft besser freizusetzen. Bei manchen Obstsorten, wie Äpfeln, werden oft auch die Kerne mitverwendet, da sie Aromen beitragen können.

3. Herstellung der Maische oder Trester:

Einige Obstsorten erfordern die Herstellung einer Maische, indem das zerkleinerte Obst mit Wasser vermischt wird. Dies fördert die Gärung und Extraktion von Aromen. Bei anderen Obstsorten, besonders Trauben, kann der Trester (die festen Rückstände nach der Saftgewinnung) für die Schnapsproduktion genutzt werden.

4. Gärung:

Nach der Vorbereitung wird oft Hefe hinzugefügt, um die Gärung zu starten. Dieser Prozess wandelt den Zucker im Obst in Alkohol um und erzeugt einen Rohschnaps.

5. Destillation:

Die destillierte Spirituose kann entweder in einem Pot Still oder einer anderen geeigneten Brennerei destilliert werden. Die Wahl des Brennverfahrens beeinflusst dabei den Charakter und den späteren Geschmack des Obstbrandes.

Auf einen Blick
Übersicht über die Reifezeit von Früchten

Obstsorte	**Reifezeit in Mitteleuropa**
Äpfel	September bis Oktober
Birnen	September bis Oktober
Zwetschgen	August bis September
Kirschen	Juni bis Juli
Himbeeren	Juli bis August
Brombeeren	Juli bis August
Johannisbeeren	Juni bis Juli
Stachelbeeren	Juni bis Juli
Mirabellen	Juli bis August
Holunderbeeren	August bis September
Holzapfel	Oktober bis November
Pfirsiche	Juli bis August
Aprikosen	Juli bis August
Trauben	September bis Oktober
Quitten	September bis Oktober
Hagebutten	September bis Oktober
Holunder	Juni bis Juli

Beispiele

Obstler:
Der Obstler ist ein traditioneller deutscher Schnaps, der oft aus einer Kombination aus Äpfeln und Birnen hergestellt wird. Manchmal werden auch andere Obstsorten wie Zwetschgen, Mirabellen oder Aprikosen hinzugemischt, um eine ganz besondere Note des Obstlers zu erzeugen. Die folgenden Sorten von Äpfeln und Birnen eignen sich besonders zur Herstellung eines Obstlers:

- **Äpfel:** Rheinischer Bohnapfel, Gravensteiner, Rambour, sämtliche Renetten, Bittenfelder, Brettacher, Kaiser Wilhelm, Cox Orange, Trierer Weinäpfel
- **Birnen:** Wein-/Mostbirnen, Alexander Lucas, Gelbmöstler, Flaschenbirne, Williams Christbirne, Conference, Nelches-Birne

Apfelbrand:
Der Apfelband ist ein Schnaps, der ausschließlich aus Äpfeln destilliert wird. Je nach Apfelsorte können ganz verschiedene Aromen entstehen. Sowohl frühe als auch späte Apfelsorten können für die Schnapsherstellung verwendet werden, wobei die späteren Sorten einen stumpferen Geschmack erzeugen. Wichtig ist auch, dass die Äpfel nicht zu früh geerntet wurden. Besonders geeignet zum Destillieren von Schnaps sind die Sorten Elstar, Gravensteiner, Renetten und Golden Delicious. Auch jüngere Apfelsorten wie Braeburn, Gala oder Topaz-Äpfel können verwendet werden und erzeugen ein klares apfeltypisches Aroma, sind aber weniger intensiv im Geschmack als die älteren Apfelsorten.

Williams-Christ-Birnenbrand:
Williams-Christ-Birnenbrand, auch als Williams-Christ-Birne oder Poire Williams bekannt, ist ein hochwertiger Obstbrand, der aus der Williams-Christ-Birne, einer speziellen Birnensorte, hergestellt wird. Die Williams-Christ-Birne zeichnet sich durch ihr intensives Aroma und den süßen Geschmack aus, was dem Brand seine charakteristische Note verleiht. Die Birnen werden sorgfältig ausgewählt, um die besten Aromen zu extrahieren, und die Destillation erfolgt oft in Pot-Still-Brennereien, um die reinen Fruchtaromen zu bewahren. Dieser edle Birnenbrand ist für seinen fruchtigen Geschmack und die elegante, klare Farbe bekannt und erfreut sich weltweit großer Beliebtheit. Hochwertige Birnenschnäpse können ebenso aus der Gewürzbirne, der Wertbirne oder der alten Birnenart Nägeles gewonnen werden. Besonderes Merkmal eines hochwertigen Birnenschnapses ist die eingewachsene Birne in der Flasche.

Weitere Schnäpse aus Obst:

- Zwetschgenwasser
- Kirschbrand
- Mirabellenbrand
- Quittenbrand
- Pflaumenbrand
- Himbeergeist
- Holunderbeergeist
- Aprikosenbrand
- Feigenbrand
- Traubenbrand (Tresterbrand)
- Cidre-Destillat (Apfelwein)

Getreide

Die Verwendung von Getreide in der Schnapsbrennerei ist besonders relevant für die Herstellung von Getreideschnäpsen, wie beispielsweise Whisky oder Kornbrand. Folgende Dinge sind bei der Verwendung von Getreide zu beachten:

1. Getreideauswahl:

Verschiedene Getreidesorten können für die Schnapsproduktion genutzt werden, darunter z. B. Gerste, Roggen, Mais, Weizen und Hafer. Dabei bringt jede Getreidesorte unterschiedliche Aromen und Charakteristiken in den fertigen Schnaps ein. Die Wahl des Getreides ist oft regional geprägt, wobei bestimmte Getreidesorten in verschiedenen Ländern oder Regionen bevorzugt werden.

Getreidesorte	Aromen und Geschmacksrichtungen
Weizen	leichte, süße Noten von Getreide, Vanille, Butter und manchmal eine leichte Zitrusnote
Roggen	würzige Noten mit einem Hauch von Pfeffer, Nelken und Anis, manchmal mit einer leicht süßen Karamellnote versehen
Gerste	malzige, nussige Aromen mit einem Hauch von Karamell und Honig, manchmal mit einer leichten floralen Note
Mais	süße, cremige Aromen mit einem Hauch von Vanille, Karamell und manchmal etwas würzigem Eichenholz
Hafer	mildes, cremiges Mundgefühl mit leicht nussigen und süßen Noten, manchmal mit einem Hauch von Honig oder Zimt
Hirse	leichtes, nussiges Aroma mit einer zarten Süße und einem Hauch von Getreide und Gras
Dinkel	leicht nussiges Aroma mit einer milden, süßen Note und einem Hauch von Honig oder Karamell

2. Malzvorgang:

Malzen: Bei einigen Getreidesorten, insbesondere Gerste, wird der Malzvorgang durchgeführt. Dieser Prozess beinhaltet das Einweichen des Getreides in Wasser, um die Keimung zu starten, gefolgt von einer Trocknungsphase. Der Malzvorgang aktiviert Enzyme, die Stärke in Zucker umwandeln, was für die Gärung notwendig ist.

3. Maischeherstellung:

Zerkleinern und Kochen: Das Getreide wird zerkleinert und mit Wasser vermischt, um eine Maische herzustellen. Durch das Kochen der Maische werden die Stärken weiter abgebaut und Zucker wird freigesetzt und kann dann fermentiert werden.

4. Gärung:

Nach der Maischeherstellung wird Hefe hinzugefügt, um die Gärung zu starten. Während dieses Prozesses wird der Zucker in Alkohol umgewandelt und es entsteht ein Rohschnaps.

5. Destillation:
Die destillierte Spirituose kann entweder in traditionellen Pot Stills oder modernen Kolonnenbrennereien destilliert werden. Die Wahl des Brennverfahrens beeinflusst dabei den Charakter und den späteren Geschmack des Getreideschnapses.

6. Vor- und Nachteile:
Vorteil von Getreide als Rohstoff für die Schnapsherstellung ist der vielfältige Geschmack. Es gibt eine breite Palette an Geschmacksprofilen, von süß und malzig bis zu würzig und komplex. Außerdem haben Getreideschnäpse in vielen Regionen eine lange Tradition. Die Herstellung von Getreidespirituosen wie Scotch Whisky oder Bourbon ist oft gesetzlich geschützt.

Getreideschnäpse, insbesondere Whiskys, erfordern allerdings sehr oft einen längeren Reifeprozess in Holzfässern, um die volle Komplexität im Geschmack zu entwickeln. Das kann zu längeren Produktionszyklen führen. Außerdem können in einigen Fällen hochwertige Getreidesorten teurer sein, was sich auf die Produktionskosten auswirken kann.

Beispiele

Kornbrand:
Der deutsche Kornbrand, auch bekannt als Korn, ist eine traditionsreiche Spirituose, die in Deutschland eine lange Geschichte und tiefe kulturelle Wurzeln hat. Er gehört zu den bekanntesten und am weitesten verbreiteten Schnapsarten des Landes und wird aus Getreide hergestellt, insbesondere aus Roggen, Weizen oder Gerste.

Nach der Gärung wird die Maische destilliert, oft in einer traditionellen Pot-Still-Brennerei, um den Rohbrand zu gewinnen. Dieser Rohbrand wird dann einmal oder mehrmals destilliert, um einen klaren und reinen Kornbrand mit einem charakteristischen Geschmack und Aroma zu erhalten. Der Kornbrand wird oft für mehrere Jahre in Eichenfässern gelagert, um seinen Geschmack weiter zu veredeln und zu verfeinern.

Der deutsche Kornbrand zeichnet sich durch seinen milden und ausgewogenen Geschmack aus, der von subtilen Getreidenoten und einer angenehmen Wärme geprägt ist. Er kann pur genossen, aber auch in verschiedenen Cocktails und Mixgetränken verwendet werden.

Whiskey:
Whiskey, auch bekannt als Whisky, ist eine der bekanntesten und beliebtesten Spirituosen weltweit. Ursprünglich stammt er aus Irland und Schottland, hat aber inzwischen eine globale Anhängerschaft gefunden. Whiskey wird aus Getreide hergestellt, das üblicherweise gemälzt, gegoren und destilliert wird. Whiskey zeichnet sich durch seine Vielfalt an Aromen und Geschmacksrichtungen aus, die von fruchtig und süß bis hin zu rauchig und würzig reichen können. Je nach Herkunft und Herstellungsprozess können Whiskeys aus verschiedenen Ländern und Regionen unterschiedliche Charakteristika aufweisen.

Weitere Schnäpse aus Getreide:

- Roggenbrand
- Gerstenbrand
- Maisbrand
- Weizenbrand
- Dinkelbrand
- Haferbrand
- Emmerbrand (Urform des Weizens)
- Mehrkorndestillat (verschiedene Getreidesorten)
- Dinkel-Roggen-Mais-Mischung
- Buchweizenbrand
- Triticale-Brand (Hybrid aus Weizen und Roggen)
- Gerstendestillat
- Hirsebrand

Gemüse

Die Verwendung von Gemüse in der Schnapsbrennerei ist weniger verbreitet als die von Obst, Getreide oder Kräutern, aber sie kann dennoch interessante und unverwechselbare Ergebnisse liefern. Folgende Dinge sind bei der Verwendung von Gemüse zu beachten:

1. Auswahl des Gemüses:

Unterschiedliche Gemüsesorten können für die Schnapsproduktion verwendet werden. Möhren, Rote Beete, Sellerie und Gurken sind nur einige Beispiele.

Gemüsesorte	Aromen und Geschmacksrichtungen
Kartoffel	leicht erdige Noten mit einer milden Süße und einem Hauch von Stärke
Rote Beete	süße, erdige Aromen mit einem Hauch von Rüben und einer subtilen Fruchtigkeit
Karotte	frische, süße Aromen mit einer leichten Würze und einem Hauch von Erde
Sellerie	herzhaftes, würziges Aroma mit einer leichten Süße und einem Hauch von Erde und Gras
Artischocke	leicht bittere Noten mit einer subtilen Süße und einem Hauch von Erdigkeit und Gras
Pastinake	süße, erdige Aromen mit einem Hauch von Würze und einem leicht würzigen, holzigen Unterton
Gurke	frische, leichte Aromen mit einer subtilen Süße und einem Hauch von Frische und Gras
Zucchini	mildes, leicht süßes Aroma mit einer subtilen Würze und einem Hauch von Frische und Gras
Kürbis	süße, erdige Aromen mit einem Hauch von Gewürzen und einer subtilen Fruchtigkeit

2. Vorbereitung des Gemüses:

Das Gemüse muss zerkleinert und in der Regel gekocht werden, um die Aromen besser freizusetzen und für den Gärprozess vorzubereiten. Ähnlich wie bei Kräutern kann das Gemüse durch Mazeration in Alkohol aromatisiert oder während der Destillation in den Dampf eingeführt werden.

Beispiele

- Selleriebrand
- Karottenbrand
- Tomatenschnaps
- Paprikabrand
- Zwiebelbrand
- Radieschenbrand
- Artischockenbrand
- Gurkenschnaps
- Spargelschnaps
- Chilischnaps
- Kürbisbrand

Kartoffeln

Schnaps aus Kartoffeln ist eine tolle Möglichkeit, den Charakter dieser Knolle in einer Spirituose zu erleben. Der Schnaps wird durch die Fermentation und Destillation von Kartoffeln hergestellt. Die Kartoffeln enthalten natürliche Stärke, die während des Fermentationsprozesses in Alkohol umgewandelt wird.

Herstellungsprozess:

Die Stärke wird aus den Kartoffeln extrahiert, oft durch Zerkleinern oder Kochen der Knollen. Anschließend wird die extrahierte Stärke durch Zugabe von Hefe fermentiert, was zur Bildung von Alkohol führt. Der entstandene Alkohol wird destilliert, um einen klaren und konzentrierten Kartoffelschnaps zu erhalten.

Geschmacksprofil:

Kartoffelschnaps kann je nach Herstellungsprozess und regionalen Variationen unterschiedliche Geschmacksrichtungen aufweisen. Er kann mild, neutral oder sogar leicht erdig sein. In einigen Ländern, insbesondere in Osteuropa, ist Schnaps aus Kartoffeln besonders beliebt und hat dort eine lange Tradition. Er ist bekannt als Wodka. Dieser kann pur genossen werden, eignet sich jedoch auch hervorragend als Basis für Cocktails und Mischgetränke.

Kartoffelsorte	Aromen und Geschmacksrichtungen
Linda	leicht süßliche Aromen mit einer milden Fruchtigkeit und einem Hauch von Erdigkeit
Bamberger Hörnchen	leichte, butterartige Aromen mit einer subtilen Süße und einem Hauch von Erdigkeit
Nicola	frische, würzige Aromen mit einer leichten Süße und einem Hauch von Erde und Gras
Belana	leicht erdige Noten mit einer milden Süße und einem Hauch von Stärke
Laura	herzhaftes, würziges Aroma mit einer leichten Süße und einem Hauch von Erde und Gras
Sieglinde	leicht süßliche Aromen mit einem Hauch von Würze und einer subtilen Erdigkeit
Adretta	frische, leichte Aromen mit einer subtilen Süße und einem Hauch von Frische und Gras
Ditta	mildes, leicht süßes Aroma mit einer subtilen Würze und einem Hauch von Frische und Gras
Annabelle	süße, erdige Aromen mit einem Hauch von Gewürzen und einer subtilen Fruchtigkeit

Die Herstellung von Kartoffelschnaps kann je nach Region unterschiedliche Traditionen und Rezepturen aufweisen. Die Verwendung von Kartoffeln als Rohstoff ermöglicht eine kreative Entfaltung und die Herstellung von Schnaps mit einem einzigartigen, regionalen Charakter. Dieser Schnaps spiegelt nicht nur die Vielseitigkeit der Kartoffel wider, sondern auch die kulturellen Nuancen der Region, in der er produziert wird.

Rüben oder Zuckerrüben

Schnaps aus Zuckerrüben ist eine interessante Möglichkeit, einen Spirituosencharakter aus dieser Wurzelpflanze zu gewinnen. Der Schnaps wird durch die Fermentation und anschließende Destillation von Zuckerrüben hergestellt. Die Zuckerrüben enthalten natürlichen Zucker, der während des Fermentationsprozesses in Alkohol umgewandelt wird.

Herstellungsprozess:

Der Zucker wird zunächst aus den Zuckerrüben extrahiert, oft durch Pressen oder Zerkleinern der Rüben. Der extrahierte Zucker wird durch Hinzufügen von Hefe fermentiert, wodurch Alkohol entsteht. Die entstandene alkoholische Flüssigkeit wird destilliert, um einen klaren und konzentrierten Schnaps zu erhalten.

Geschmacksprofil:
Zuckerrübenschnaps kann je nach Herstellungsprozess und regionalen Variationen unterschiedliche Geschmacksrichtungen aufweisen. In einigen Ländern, insbesondere in Osteuropa, sind Schnäpse aus Zuckerrüben bekannt und werden traditionell hergestellt. Sogar Wodka und Rum können aus Zuckerrüben hergestellt werden. Zuckerrübenschnaps kann pur genossen werden, aber er wird auch oft als Basis für Cocktails und Mischgetränke verwendet.

KRÄUTER UND GEWÜRZE

Die Verwendung von Kräutern und Gewürzen in der Schnapsbrennerei eröffnet eine breite Palette von ganz speziellen Aromen und Geschmacksrichtungen, die gut mit anderen Früchten oder Gemüsesorten kombiniert werden können. Im Folgenden finden Sie einige gängige Kombinationen von Obst- und Gemüsesorten mit Kräutern und Gewürzen:

Obst/Gemüse	Kräuter/Gewürze
Apfel	Zimt, Nelken, Ingwer, Rosmarin, Thymian
Birne	Vanille, Zimt, Ingwer, Kardamom, Anis
Himbeere	Minze, Basilikum, Ingwer, Zitrone, Rosmarin
Brombeere	Lavendel, Rosmarin, Minze, Thymian, Zimt
Erdbeere	Basilikum, Minze, Rosmarin, Thymian, Vanille
Kirsche	Zimt, Nelken, Vanille, Rosmarin, Thymian
Pflaume	Zimt, Nelken, Ingwer, Kardamom, Anis
Zwetschge	Nelken, Zimt, Ingwer, Vanille, Rosmarin
Himbeere	Minze, Basilikum, Ingwer, Zitrone, Rosmarin
Blaubeere	Lavendel, Rosmarin, Minze, Thymian, Zimt
Erdbeere	Basilikum, Minze, Rosmarin, Thymian, Vanille
Gurke	Dill, Minze, Basilikum, Estragon, Koriander
Tomate	Basilikum, Oregano, Thymian, Rosmarin, Salbei
Karotte	Petersilie, Dill, Estragon, Koriander, Minze
Rote Beete	Rosmarin, Thymian, Salbei, Estragon, Majoran
Sellerie	Petersilie, Estragon, Dill, Majoran, Thymian
Paprika	Basilikum, Oregano, Rosmarin, Thymian, Majoran

Folgende Dinge sind bei der Verwendung von Kräutern und Gewürzen zu beachten:

1. Auswahl der Kräuter und Gewürze:

Kräuter und Gewürze bieten eine immense Vielfalt an Aromen, von floralen und würzigen Noten bis zu erdigen oder zitrusartigen Nuancen. Die Kombination verschiedener Kräuter und Gewürze ermöglicht die Schaffung toller Geschmacksprofile.

2. Vorbereitung:

Kräuter können getrocknet oder frisch verwendet werden. Die Wahl beeinflusst die Intensität der Aromen im Endprodukt. Getrocknete Kräuter verlieren im Vergleich zu frischen Kräutern oft an Intensität, da während des Trocknungsprozesses bestimmte ätherische Öle und Aromen verdunsten. Diese ätherischen Öle sind verantwortlich für den intensiven Geschmack und das Aroma frischer Kräuter. Während des Trocknungsprozesses können auch einige der empfindlicheren Aromaverbindungen zerfallen oder verloren gehen.

Mazeration: Die Aromen der Kräuter und Gewürze können auch durch Mazeration in Alkohol extrahiert oder während der Destillation in den Dampf eingeführt werden. Bei der Mazeration werden die Kräuter und Gewürze in Alkohol eingelegt, um ihre Aromen zu extrahieren. Während dieses Prozesses lösen sich die ätherischen Öle und Aromastoffe langsam im Alkohol auf, wodurch der Alkohol mit den Aromen angereichert wird. Die Intensität der Aromen hängt von der Dauer der Mazeration ab. Je länger die Mazeration dauert, desto intensiver werden die Aromen extrahiert. Dieser Prozess ermöglicht eine präzise Kontrolle über die Aromen und ermöglicht es dem Brenner, den gewünschten Geschmack zu erreichen.

Destillation: Während der Destillation werden die Kräuter und Gewürze zusammen mit der Maische oder dem neutralen Alkohol erhitzt. Die aromatischen Verbindungen verdampfen mit dem Alkohol und steigen als Dampf in die Destillationskolonne oder den Brennkessel auf. Dort kondensieren sie wieder und werden als aromatisierter Alkohol aufgefangen. Der Destillationsprozess kann die Aromen effizienter extrahieren als die Mazeration, da die Hitze die ätherischen Öle schneller freisetzt. Dies kann zu intensiveren Aromen führen, aber auch dazu, dass einige der empfindlicheren Aromen durch die Hitze verloren gehen.

3. Eigenkreationen:

Viele Brennereien und Hobbybrenner nutzen die Möglichkeit, eigene Kräutermischungen zu kreieren und so individuelle Spirituosen zu entwickeln. Die Menge und die Kombination der Kräuter und Gewürze können an individuelle Geschmacksvorlieben angepasst werden.

Beispiel Obst-Kräuter-Schnaps:

Zutaten:

- 750 ml selbstgebrannter Naturalkohol oder Korn
- 1 Handvoll Himbeeren
- 1 Handvoll Brombeeren
- 2–3 Zweige frische Minze
- 2–3 Zweige frischer Rosmarin
- 1 Bio-Zitrone (Schale)
- 1 Bio-Orange (Schale)
- optional: 1–2 EL Honig oder Zucker zum Süßen

Dieser Schnaps vereint die fruchtige Frische der Himbeeren und Brombeeren mit der aromatischen Würze von Minze, Rosmarin, sowie dem zitrischen Aroma der Zitrusfruchtschalen. Der Honig oder Zucker kann optional hinzugefügt werden, um den Schnaps je nach Vorliebe zu süßen.

4. Vor- und Nachteile:

Vorteil bei der Verwendung von Kräutern und Gewürzen ist, dass diese dem Schnaps eine zusätzliche Schicht an Komplexität und Aromenvielfalt verleihen. Brenner haben die Freiheit, kreative Mischungen zu entwickeln und Produkte zu schaffen, die sich von der Masse abheben. Kräuter stellen den Brenner aber auch vor Dosierungsherausforderungen. Die richtige Dosierung von Kräutern erfordert oft Erfahrung und Fingerspitzengefühl, um ein ausgewogenes Geschmacksprofil zu erreichen. Bei zu vielen oder unharmonischen Aromen kann der Geschmack überwältigend und die Balance der Spirituose beeinträchtigt sein.

Beispiele

Ouzo:

Ouzo ist ein traditioneller griechischer Anisschnaps, der für seine klare Farbe, sein starkes Anisaroma und seinen angenehm süßen Geschmack bekannt ist. Er wird aus einer Mischung aus Alkohol, Wasser und verschiedenen aromatischen Kräutern und Gewürzen hergestellt, wobei Anis die dominante Zutat ist. Die Herstellung von Ouzo beginnt mit der Destillation von Alkohol, der anschließend mit reinem Wasser gemischt wird. Dann werden verschiedene Kräuter und Gewürze hinzugefügt, darunter Anis, Fenchel, Koriander und Nelken. Diese Zutaten verleihen dem Ouzo sein charakteristisches Aroma und seinen unverwechselbaren Geschmack. Ouzo wird oft als Aperitif oder als Begleitung zu Mezedes, den griechischen Vorspeisen, genossen. Er wird normalerweise eiskalt serviert und kann pur oder mit etwas Wasser verdünnt getrunken werden, was ihm eine milchige Trübung verleiht.

Weitere Schnäpse aus Kräutern:

- Kräuterlikör: Beispiele sind Jägermeister, Underberg und Ramazzotti.
- Wermut: Bekannte Marken sind Martini und Cinzano.
- Absinth: ein stark alkoholisches Getränk, das durch Infusion von Wermut und anderen Kräutern, wie Anis und Fenchel, hergestellt wird; bekannt für seine grüne Farbe und den hohen Alkoholgehalt
- Aquavit: ein nordischer Schnaps, der oft mit Kräutern und Gewürzen wie Dill, Kümmel und Fenchel aromatisiert wird
- Chartreuse: ein französischer Likör, der in grüner und gelber Variante erhältlich ist, wobei verschiedene Kräuter und Pflanzenextrakte verwendet werden
- Pernod: ein aromatisierter Anisschnaps, der ursprünglich als Ersatz für Absinth entwickelt wurde
- Grappa mit Kräutern
- Pastis

HONIG

Die Verwendung von Honig in der Schnapsbrennerei ist eine außergewöhnliche Kreation, die dem Endprodukt süße und komplexe Geschmacksnuancen verleihen kann. Hier sind einige Aspekte zur Verwendung von Honig beim Schnapsbrennen:

1. Art der Honigverwendung:

Honig kann direkt in Alkohol mazeriert werden, um seine Aromen zu extrahieren. Dieser Prozess beinhaltet das Einweichen von Honig im Alkohol, um Geschmack und Süße zu übertragen. Der Honig kann zusätzlich während der Destillation in den Dampf eingeführt werden, um die Aromen zu extrahieren und den Alkohol zu süßen.

2. Honigsorten:

Je nach den Blüten, von denen die Bienen den Nektar sammeln, kann Honig verschiedene Aromen haben. Blütenhonige wie Lavendelhonig oder Orangenblütenhonig verleihen dem Schnaps spezifische Geschmacksrichtungen. Dunklere, intensivere Honigsorten, wie Waldhonig, können tiefere Aromen und eine kräftigere Süße beisteuern.

Honigsorte	Aromen und Geschmacksrichtungen
Blütenhonig	blumige Aromen wie Jasmin, Lavendel, Akazie; süß mit leicht fruchtigen Noten
Waldhonig	intensiver, erdiger Geschmack mit Noten von Waldbeeren und Harz
Orangenblütenhonig	Zitrusnoten mit einem Hauch von Orange und Blütenaromen
Lavendelhonig	aromatisch mit starkem Lavendelduft und leichten Kräuternoten
Akazienhonig	leicht, süß und delikat mit floralen Aromen und einem Hauch von Vanille
Kastanienhonig	reichhaltig, kräftig und leicht bitter mit Noten von Kastanien und Toffee
Thymianhonig	intensive Kräuternoten mit einem Hauch von Minze und würzigen Aromen

3. Dosierung und Süßung:

Die Dosierung von Honig erfordert Fingerspitzengefühl, um eine ausgewogene Süße zu erreichen, ohne den Alkoholgehalt zu stark zu beeinflussen. Honig enthält Wasser, das beim Hinzufügen zum Schnaps die Gesamtmenge an Flüssigkeit erhöht. Da Alkohol und Wasser eine Mischung bilden, kann die Zugabe von Honig den Alkoholgehalt des Endprodukts leicht reduzieren.

4. Bekannte Honigschnäpse:

Mead ist eine traditionelle alkoholische Getränkekategorie, die Honig als Hauptbestandteil verwendet. Obwohl Mead nicht immer destilliert wird, zeigt es die vielfältigen Möglichkeiten von Honig in alkoholischen Getränken.

5. Vor- und Nachteile:

Honig verleiht dem Schnaps nicht nur Süße, sondern auch komplexe Aromen, die von blumig und fruchtig bis zu tief und malzig reichen können. Honig kann dem Schnaps eine besondere Note verleihen und ihn von anderen Spirituosen abheben. Es kann aber herausfordernd sein, die richtige Menge Honig zu verwenden, um eine ausgewogene Süße zu erreichen, ohne den Alkoholgehalt zu beeinträchtigen. Hochwertiger Honig kann außerdem teuer sein, was die Produktionskosten beeinflussen kann.

Wesentliche chemische Prozesse

Die Herstellung eines Schnapses besteht aus zwei wesentlichen chemischen Prozessen. Zunächst muss die Gärung der Maische in Gang gebracht werden, um aus dem Rohstoff eine alkoholische Flüssigkeit herzustellen. Im Anschluss wird diese Flüssigkeit, welche neben einem geringen Alkoholgehalt auch Wasser und andere Stoffe enthält, destilliert oder gebrannt. Ziel der Destillation ist es, den vorhandenen Alkohol der Rohstoffe zu konzentrieren. Wie das im Einzelnen funktioniert, sehen Sie im Folgenden.

Gärung

Es gibt ganz unterschiedliche Arten von Gärung, die sich der Mensch im Laufe der Zeit zu Nutze gemacht hat.

1. Alkoholische Gärung:

- Organismen: Hefen, insbesondere Saccharomyces cerevisiae
- Endprodukte: Ethanol (Alkohol) und Kohlendioxid
- Anwendung: Grundlage für die Herstellung von alkoholischen Getränken wie Wein, Bier und Schnaps

2. Milchsäuregärung:

- Organismen: Milchsäurebakterien wie Lactobacillus
- Endprodukte: Milchsäure
- Anwendung: Fermentation von Milchprodukten wie Joghurt und Sauerkraut

3. Essigsäuregärung (Azetobacter):

- Organismen: Azetobacter-Bakterien
- Endprodukte: Essigsäure (Essig) aus Ethanol
- Anwendung: Herstellung von Essig

4. Propionsäuregärung:

- Organismen: Propionsäurebakterien
- Endprodukte: Propionsäure, Essigsäure, CO_2
- Anwendung: Herstellung von Propionsäure in Emmentaler Käse

5. Buttersäuregärung:

- Organismen: Clostridium-Bakterien
- Endprodukte: Buttersäure, Essigsäure, CO_2
- Anwendung: historisch in der Herstellung von Buttersäure, heute oft unerwünscht

Diese verschiedenen Gärungsarten sind Schlüsselprozesse in zahlreichen Lebensmittel- und Getränkeherstellungen. Ihre gezielte Kontrolle ermöglicht eine breite Palette von Produkten mit unterschiedlichen Geschmacksprofilen und Konservierungsmethoden.

Alkoholische Gärung

Die alkoholische Gärung spielt bei der Destillation von Alkohol eine wichtige Rolle. Destilliert werden kann nur eine Flüssigkeit, in der schon Alkohol vorhanden ist. Daher wird der Maische (zuckerhaltig) Hefe hinzugefügt, welche durch biologische Prozesse Kohlenhydrate in Alkohol und Kohlendioxid umwandelt.

Grundprinzip der Gärung:

Die alkoholische Gärung ist eine anaerobe (ohne Sauerstoff) Umwandlung von Zucker oder anderen Kohlenhydraten in Ethanol (Alkohol) und Kohlendioxid durch Hefen. Die Gleichung lautet:

C6H12O6 (Zucker) → 2 C2H5OH (Alkohol) + 2 CO_2 (Kohlendioxid)

Das heißt: Ein Zuckermolekül wird umgewandelt in 2 Alkoholmoleküle und 2 Kohlendioxidmoleküle. Daher gilt, zu beachten, dass neben dem Alkohol im Gärprozess auch das Gas Kohlendioxid entsteht. Dabei handelt es sich um das Gas, welches wir ausatmen. Im Gegensatz zu Menschen benötigt die Hefe aber keinen Sauerstoff, um den Zucker in Alkohol umzuwandeln. Eine Sauerstoffzufuhr oder -bereitstellung ist daher nicht nötig.

Schritte der alkoholischen Gärung:

Der Prozess beginnt mit der Zugabe von Hefen zu einer Zuckerlösung, auch als Maische bezeichnet. Die Hefen, insbesondere Saccharomyces cerevisiae, sind die treibende Kraft hinter der alkoholischen Gärung. Die Hefen zersetzen die Zucker in der Maische durch den Prozess der Glykolyse in kleinere Moleküle, insbesondere in Pyruvat. Der Hauptteil der Gärung besteht darin, das Pyruvat unter Freisetzung von Kohlendioxid zu Ethanol umzuwandeln. Dieser Prozess findet im Zellinneren der Hefen statt. Die Gärung dient den Hefen als Methode zur Energiegewinnung in Abwesenheit von Sauerstoff. Ethanol ist das Endprodukt dieses Energiegewinnungsprozesses, also für die Hefe ein Abfallprodukt.

Temperatur und pH-Wert:

Die Geschwindigkeit und Effizienz der Gärung werden durch Faktoren wie Temperatur und pH-Wert, also wie sauer das Gemisch ist, beeinflusst. Jeder Hefestamm hat ideale Bedingungen, unter denen er am effektivsten arbeitet. Die alkoholische Gärung endet, wenn entweder der gesamte Zucker verbraucht ist oder der Alkoholgehalt ein Niveau erreicht, das für die Hefen toxisch ist.

Destillation

Ziel einer Destillation ist es, den vergorenen Alkohol der Maische von den restlichen Bestandteilen abzutrennen und diesen zu konzentrieren. Ist die Maische bereit zur Destillation, enthält diese zwischen 3 und 12 % Alkohol. Außerdem in dem Gemisch enthalten sind die festen Bestandteile der Rohstoffe, Ester, Aldehyde, Fuselöle, flüchtige Säuren und Wasser.

Alkohol (Ethanol): Dies ist der Hauptbestandteil, der während der Gärung aus dem fermentierten Zucker entsteht.

Wasser: Ein großer Teil der Maische besteht aus Wasser, das als Lösungsmittel für verschiedene Bestandteile dient.

Fuselöle: Diese unerwünschten, höhermolekularen Alkohole können während der Gärung gebildet werden und tragen oft zu unangenehmen Geschmacksnoten bei.

Aromatische Verbindungen: Abhängig von den Zutaten können aromatische Verbindungen, wie Ester, Aldehyde und andere flüchtige Moleküle, in der Maische vorhanden sein und zur Aromenvielfalt des Endprodukts beitragen.

Restzucker: Nicht der gesamte Zucker wird zwangsläufig während der Gärung in Alkohol umgewandelt. Restzucker kann in der Maische verbleiben und den Geschmack beeinflussen.

Säuren: Natürliche Säuren, wie Essigsäure, können während der Gärung entstehen und den pH-Wert beeinflussen.

Hefezellen: Hefezellen, die für die Gärung verantwortlich sind, können in der Maische verbleiben. Dies ist insbesondere bei ungefilterten Produkten der Fall.

Mineralstoffe: Je nach den verwendeten Zutaten und der Wasserquelle können verschiedene Mineralstoffe in der Maische vorhanden sein.

Um den Alkohol von den restlichen Bestandteilen zu trennen, werden die unterschiedlichen Siedetemperaturen genutzt. Dazu wird die Maische in flüchtige und nichtflüchtige Stoffe eingeteilt.

Definition: flüchtige und nichtflüchtige Stoffe:
Wird Wasser erhitzt, wird es ab einer Temperatur von 100 °C dampfförmig. Genau das Gleiche passiert mit anderen Flüssigkeiten, diese haben jedoch meist unterschiedliche Siedetemperaturen, also Temperaturen, bei denen der Stoff verdampft. Nichtflüchtige Stoffe werden während der Destillation nicht dampfförmig. Flüchtige Bestandteile gehen jedoch bei Erhitzen in den dampfförmigen Zustand über.

Nichtflüchtige Bestandteile der Maische:

- Reste von Früchten, Gemüse oder Getreide, Hefezellen und andere Mikroorganismen

Flüchtige Bestandteile der Maische:

- **Vorlauf:** Leicht flüchtige Stoffe wie Methanol, Ethylacetat und andere niedrig siedende Ester. Diese Stoffe sind giftig, weshalb der Vorlauf sorgfältig abgetrennt werden muss, er ist ungenießbar und kann zu Vergiftungserscheinungen führen.
- **Mittellauf:** Im Mittellauf wird der Alkohol destilliert, der gewonnen werden soll. Genau dieser kann später als Schnaps genossen werden.
- **Nachlauf:** Der Nachlauf ist gekennzeichnet durch höhersiedende Fuselöle. Hier wird die Destillation in der Regel abgebrochen.

Ein Gemisch aus Ethanol und Wasser beginnt bei ca. 78 °C, zu verdampfen. Der verdampfte Alkohol reißt dabei Wassermoleküle mit sich, sodass auch Wasser schon bei niedrigeren Temperaturen siedet. Aus diesem Grund kann mit den normalen Destillationsverfahren kein 100-prozentiger Alkohol destilliert werden. Das Gemisch besteht zu 95 % aus Alkohol und zu 5 % aus Wasser. Es wird als Azeotrop bezeichnet, also ein Gemisch, welches sich durch Destillation nicht trennen lässt.

Um zu verhindern, dass zu viel Wasser bei der Destillation verdampft, wird bei sehr niedrigen Temperaturen destilliert. Der Vorgang wird dann eher als ein Verdunsten der Flüssigkeiten an der Oberfläche denn als ein tatsächliches Sieden bezeichnet. Würde das Sieden der Maische zugelassen werden, dann würde zu viel Wasser verdampfen und der entstehende Alkohol würde verwässern. Es gibt verschiedene Möglichkeiten, den verdampften Alkohol nun wieder flüssig zu machen. Automatisch setzt sich dieser beispielsweise an den kalten Kupferwänden der Pot Stills ab und läuft in einen separaten

Behälter. Es gibt aber auch Verfahren, bei denen Kühlsysteme verwendet werden, um den Alkohol wieder zu kondensieren.

Der Rückstand des Destillats wird als Schlempe bezeichnet und kann beispielsweise als Viehfutter verwendet werden.

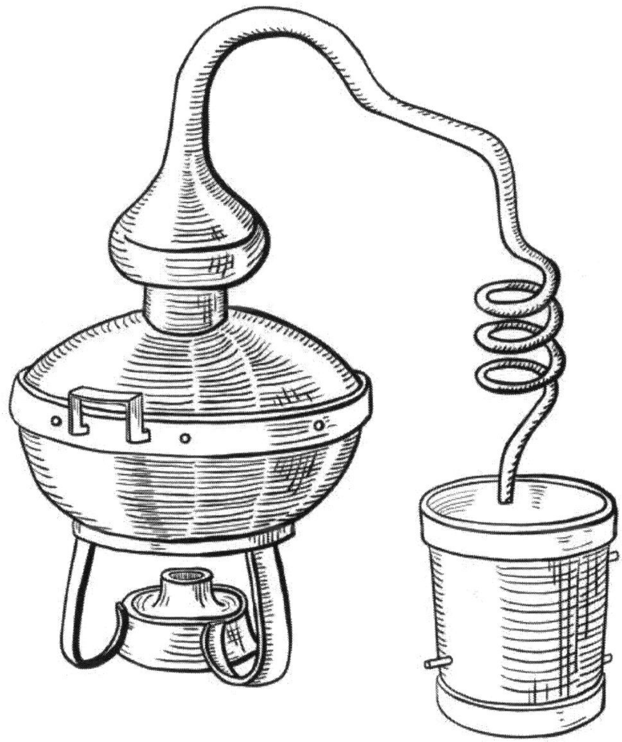

Überblick über die verschiedenen Destillationstechniken

EINFACHE DESTILLATION

Heißt es „Destillare" im Lateinischen, bedeutet die wörtliche Übersetzung des Begriffs Destillation „herabträufeln". Die einfachste Form eines Destillationsapparates braucht lediglich drei Komponenten:

- einen Destillierkolben,
- eine Wärmequelle zum Erhitzen,
- ein Kühlrohr.

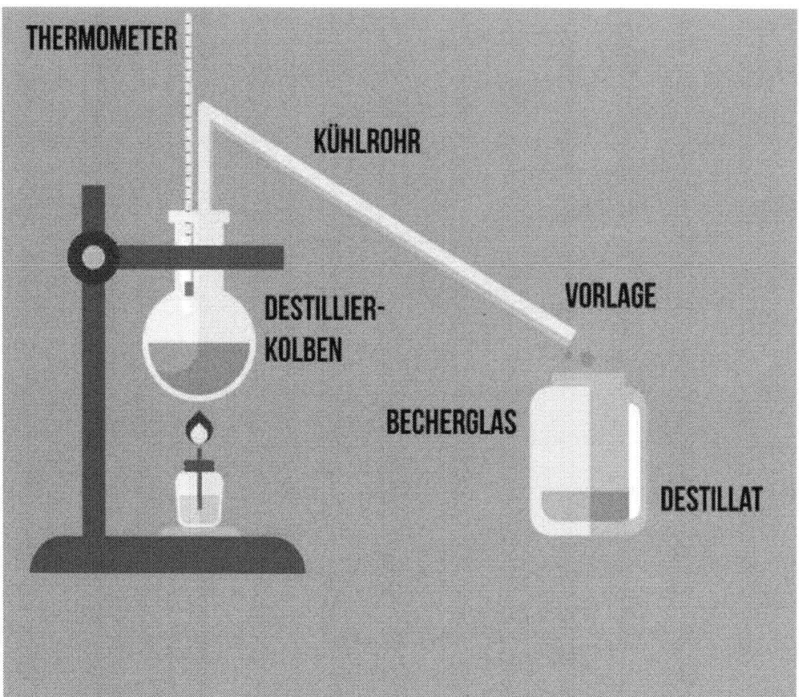

Im Destillierkolben befindet sich dabei die zu destillierende Flüssigkeit, das Alkoholgemisch. Der Destillierkolben sollte sich über einer Wärmequelle befinden, um diese erhitzen zu können. Um die Temperatur des Alkoholgemischs prüfen zu können, ist ebenfalls ein Thermometer hilfreich. Der Destillierkolben ist mit einem Stopfen verschlossen, in welchen ein Glasrohr eingelassen ist, um den entstehenden Dampf abzuleiten. In der Regel reicht ein luftgekühltes Rohr aus, um jedoch die Kühlleistung zu verbessern, kann ein sogenannter Liebig-Kühler verwendet werden. Dabei handelt es sich um ein ummanteltes Glasrohr, welches so mit Wasser zusätzlich gekühlt werden kann. Im Kühlrohr kondensiert, also verflüssigt, sich der erhitzte Dampf und tropft in ein separates Gefäß. Ergebnis ist ein Destillat, welches bis zu 90 % Alkohol enthalten kann.

Pot Still

Die Pot-Still-Destillationsmethode ist die traditionellste Art, Schnaps herzustellen. Sie wird auch als Batch-Methode bezeichnet und in den typischen Kupferbrennkolben durchgeführt. Die Pot-Still-Methode ist eine diskontinuierliche Destillation und wird daher in mehreren Destillationsvorgängen durchgeführt. Zwischen den Vorgängen muss der Brennkolben immer wieder sorgfältig gereinigt werden, was sehr kosten- und arbeitsintensiv ist. Das ist auch der Grund, warum sich die Pot-Still-Methode nicht für die Massenproduktion eignet. Als Heizquelle wird eine integrierte Spirale im Boden verwendet.

Nach dem ersten Destillationsvorgang hat das Destillat einen Alkoholgehalt von ca. 20 bis 28 %. Dies reicht für den Verzehr nicht aus und wird daher als Rohbrand oder Low Wine bezeichnet. Zudem enthält das Destillat niedrig siedende Substanzen, die nicht bekömmlich, ja, sogar gesundheitsgefährdend sind. Daher sind mindestens zwei Destillationsvorgänge bei der Pot-Still-Methode erforderlich, einige Brennereien destillieren sogar dreifach.

Was nach der ersten Destillation zurückbleibt, wird als Pot Ale oder Burnt Ale bezeichnet und als Dünger oder Tierfutter verwendet. Zunächst muss das Gemisch jedoch von Kupfer befreit werden, welches aus der Brennblase durch chemische Reaktionen gelöst wurde.

Bei der zweiten Destillationsrunde wird nun in Vor-, Mittel- und Nachlauf unterschieden (Englisch: Head, Heart, Tail). Schon wann der Mittellauf beginnt, kann enorme Auswirkungen auf den Geschmack des späteren Schnapses haben. Ein leichter Whisky zeichnet sich durch einen frühen Beginn des Mittellaufs aus. Schwerere Sorten wurden spät vom Mittellauf abgetrennt. Der entstandene sogenannte Feinbrand hat nun eine Alkoholkonzentration von 65 bis 75 %. Vor- und Nachlauf können beim Pot-Still-Verfahren aufgefangen und für eine erneute Destillation verwendet werden.

Es ist sehr wichtig, dass die Pot Stills aus Kupfer bestehen, denn das Material hat einige Vorteile:

- Form und Größe der Brennblase spielen beim Geschmack ebenfalls eine Rolle. Kupfer lässt sich leicht bearbeiten, sodass ganz individuelle Brennblasen hergestellt werden können.

- Kupfer besitzt außerdem eine gute Wärmeleitfähigkeit, sodass eine gleichmäßige Ausbreitung der Wärme gewährleistet ist und die Maische nicht anbrennt.
- Maische enthält Schwefelverbindungen, die einen schlechten Geschmack des Schnapses verursachen. Diese reagieren beim Destillationsprozess mit dem Kupfer der Brennblase und schlagen sich in Form von Schwefelsulfid als schwarze Ablagerungen an der Wand der Brennblase nieder. Diese müssen von Zeit zu Zeit entfernt werden.
- Kupfer unterstützt die Bildung von Estern, welche dem Schnaps einen fruchtigen Geschmack verleihen.

Column Still

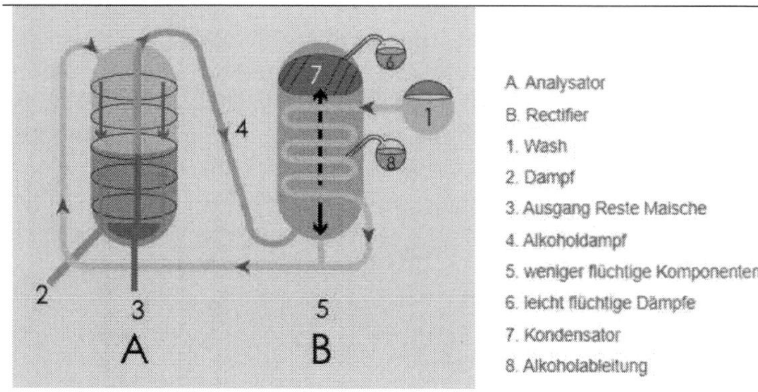

Das sogenannte Säulenbrennverfahren hat viele Namen. Ob Column Still, Coffey Still, Kolonnenbrennerei, Patentverfahren oder Continuous Still, im Grunde steckt dahinter das gleiche Prinzip. Diese Methode ist weniger zeit- und arbeitsaufwendig und das Ergebnis ist ein Destillat, welches einen Alkoholgehalt von bis zu 94,8 % erreichen kann. Sie gehört zu den kontinuierlichen Brennverfahren, d. h., es wird ohne Unterbrechung Alkohol destilliert.

Die Apparatur besteht dabei aus mindestens zwei Säulen. Diese bestehen aus Edelstahl und sind mit gelochten Kupferböden durchzogen. Die Maische wird in die Rektifikationskolonne (Rectifier) eingefüllt und fließt dann durch ein spiralförmiges Rohr nach unten. Durch außen aufsteigenden Wasserdampf wird die Maische erhitzt. Sie wird anschließend in die zweite Säule, die sogenannte Trennsäule oder den Analysator, weitergeleitet und fließt dort durch die gelochten Kupferbleche. An jedem Kupferboden trennen sich allmählich der Alkohol sowie die Aromastoffe ab. Der Alkoholdampf wird zurück zur ersten Säule geleitet und steigt dort erneut auf. Durch die verschiedenen Siedepunkte können hier in unterschiedlichen Gefäßen Vor-, Mittel- und Nachlauf abgefangen werden.

Vor- und Nachteile

Größter Vorteil dieser Methode ist der reduzierte Aufwand. Die Säulen müssen zwischen den Arbeitsgängen nicht gereinigt werden, was eine enorme Zeitersparnis bringt. Zudem haben die Stahlsäulen eine längere Lebensdauer als Kupfer. Auch der Alkoholgehalt bei dem Column-Sill-Verfahren ist deutlich höher mit nur einem Destilliervorgang. Ein großer Nachteil ist der Geschmack. Dem Schnaps aus einem Column-Still-Brennverfahren wird nachgesagt, einen flacheren Geschmack mit wenig Komplexität und Aromen zu haben.

Pot-Column-Hybridbrennerei

Die Pot-Column-Hybridbrennerei ist eine innovative Methode in der Schnapsbrennerei, die die besten Eigenschaften von Pot-Still-Brennereien und Kolonnenbrennereien kombiniert. Diese Hybridanlagen ermöglichen eine präzise Kontrolle über den Destillationsprozess und erlauben Brennern, eine breite Palette von Spirituosen mit unterschiedlichen Aromen und Reinheitsgraden zu produzieren.

In einer Pot-Column-Hybridbrennerei erfolgt die Destillation in zwei Hauptkomponenten. Die Pot Still, ein traditionelles Brenngerät, wird in Kombination mit einer Kolonne verwendet. In der Pot Still erfolgt die erste Destillation, bei der die Rohmasse erhitzt wird und die Dämpfe aufsteigen, um die gewünschten Aromen und Alkohole zu extrahieren. Diese Dämpfe werden dann durch die Kolonne geleitet – ein Säulenapparat, der eine zusätzliche Destillationsschleife ermöglicht. Hier werden unerwünschte Bestandteile weiter herausgefiltert und es entsteht ein hochreiner Alkohol.

Vor allem ermöglicht die Pot-Column-Hybridbrennerei eine präzise Steuerung des Destillationsprozesses. Brenner können den Reinheitsgrad ihres Endprodukts fein abstimmen und verschiedene Geschmacksprofile erzielen. Dies macht die Hybridmethode besonders attraktiv für die Herstellung von Premium-Spirituosen, da sie eine hohe Qualität und Konsistenz gewährleistet.

Allerdings geht diese fortschrittliche Technologie auch mit gewissen Herausforderungen einher. Die Komplexität der Anlagen erfordert ein tiefes Verständnis der Destillation und die Anschaffungskosten für Pot-Column-Hybridbrennereien können höher sein als für traditionelle Pot Stills. Dennoch überwiegen oft die Vorteile, da die Flexibilität und Präzision bei der Herstellung von hochwertigen Schnäpsen und Spirituosen deutlich gesteigert werden.

Molekulardestillation

Die Molekulardestillation, auch als Dünnschichtdestillation bekannt, ist eine hochmoderne Methode in der Spirituosenproduktion, die auf den Prinzipien der Destillation basiert, jedoch durch ihren innovativen Ansatz eine tolle Qualität und Reinheit der Endprodukte ermöglicht.

Bei der Molekulardestillation wird der Destillationsprozess unter Vakuum durchgeführt, was die Temperaturen im Vergleich zu herkömmlichen Destillationen erheblich reduziert. Dies trägt dazu bei, die Aromen und empfindlichen Bestandteile des Ausgangsmaterials besser zu bewahren. Die niedrigeren Temperaturen minimieren auch die Gefahr der Überhitzung und unerwünschter Nebenprodukte.

Ein Schlüsselelement der Molekulardestillation ist die Dünnschichtverdampfung.

Definition: Dünnschichtverdampfung
Die zu destillierende Flüssigkeit wird in einem dünnen Film auf eine rotierende Verdampfungsoberfläche gebracht. Dieser Film wird dann in einem Vakuum verdampft und kondensiert in einem separaten Gefäß.

Durch diese Methode werden gezielt bestimmte Moleküle extrahiert, wodurch eine präzise Kontrolle über den Reinheitsgrad des Endprodukts erreicht wird.

Vor allem ermöglicht die Molekulardestillation die Destillation bei sehr niedrigen Temperaturen, was besonders vorteilhaft für empfindliche Aromen und hochwertige Ausgangsmaterialien ist. Die Methode ist besonders in der Produktion von Premium-Spirituosen, ätherischen Ölen und anderen hochreinen Substanzen weit verbreitet.

Trotz ihrer Vorteile gibt es auch einige Herausforderungen. Die Technologie ist komplex und erfordert spezielle Ausrüstung, was zu höheren Anschaffungskosten führen kann. Zudem erfordert die präzise Steuerung des Prozesses ein tiefes Verständnis der chemischen Zusammenhänge. Insgesamt ermöglicht die Molekulardestillation eine neue Ära in der Destillation, indem sie höchste Reinheit und Geschmacksintegrität in hochwertigen Spirituosen hervorbringt.

Solera-Methode (für Brandy, Sherry, Rum)

Die Solera-Methode ist eine traditionelle Art der Reifung und Mischung von Spirituosen, die ihren Ursprung im Weinbau hat und später auch in der Produktion von Sherry und anderen Spirituosen Anwendung fand. Diese Methode zeichnet sich durch ihre kontinuierliche Mischung und Reifung aus, die eine Kombination verschiedener Jahrgänge und Geschmacksprofile ermöglicht.

Der Prozess beginnt mit einer sogenannten Solera, einem System von gestapelten Fässern oder Bottichen. Das älteste Fass, auch Criadera genannt, befindet sich am Boden, während die jüngeren Fässer aufeinandergestapelt werden. Die neue Spirituose wird in die oberste Schicht der Solera gegossen und reift dort eine gewisse Zeit. Danach wird eine gewisse Menge dieser gereiften Spirituose aus der untersten Schicht, dem Solera-Fass, für den Verkauf oder die weitere Verarbeitung entnommen.

Das Besondere an der Solera-Methode ist, dass beim Entnehmen von Spirituose aus der untersten Schicht immer nur ein Teil entnommen wird. Die entnommene Menge wird dann durch die frisch eingefüllte Spirituose aufgefüllt. Diese fortlaufende Mischung und Reifung führt zu einer Homogenisierung des Geschmacksprofils und ermöglicht eine bemerkenswerte Konsistenz über die Jahre.

Die Solera-Methode wird häufig in der Produktion von Rum, Brandy, Sherry und einigen Likören verwendet. Sie verleiht den Endprodukten komplexe Aromen und eine Tiefe, die durch die Mischung verschiedener Jahrgänge entsteht.

Vor allem ermöglicht die Solera-Methode eine hohe Qualität und einen gleichbleibenden Charakter in den produzierten Spirituosen. Allerdings erfordert dieser Prozess Zeit und Geduld, da die Mischung über viele Jahre hinweg stattfindet. Dieser traditionelle Ansatz ist jedoch für viele Spirituosenhersteller ein Zeichen von Qualität und Handwerkskunst.

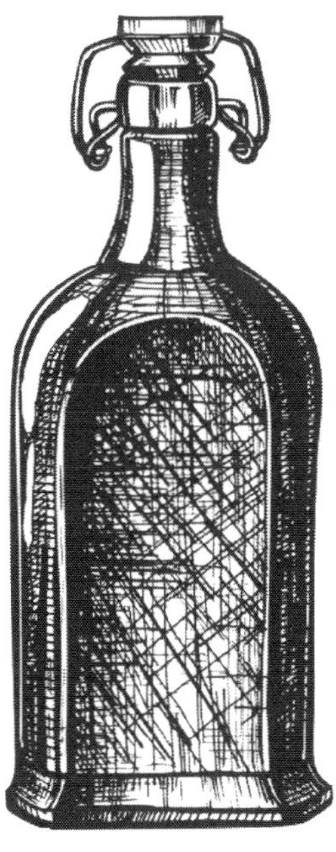

Mit dem richtigen Equipment zum Brennerfolg!

Die passende Brennapparatur auswählen

Die Auswahl der richtigen Brennapparatur für Ihre Zwecke als Hobbybrenner ist ein entscheidender Schritt, der eine sorgfältige Überlegung erfordert. Es gibt eine Vielzahl von Optionen auf dem Markt, von einfachen Pot Stills bis hin zu komplexen Kolonnenbrennereien, und die Wahl hängt von verschiedenen Faktoren ab. Darunter fallen Ihre Erfahrung, Ihr Budget und Ihre spezifischen Brennanforderungen. Im Folgenden finden Sie einige wichtige Überlegungen und Schritte, die Sie bei der Auswahl Ihrer Brennapparatur beachten sollten:

• **Kenntnis des eigenen Könnens:** Als Hobbybrenner ist es wichtig, Ihre eigenen Fähigkeiten und Kenntnisse zu berücksichtigen. Wenn Sie neu in der Welt des Brennens sind, ist es ratsam, mit einer einfachen Pot-Still-Apparatur zu beginnen, die weniger komplex ist und einen guten Einstieg in die Grundlagen der Destillation ermöglicht.

• **Budget:** Der Preis einer Brennapparatur kann stark variieren. Abhängig von ihrer Größe, Qualität und den enthaltenen Funktionen bekommt man eine gute Brennapparatur ab ca. 100 Euro. Legen Sie daher Ihr Budget fest und suchen Sie nach Optionen, die Ihren finanziellen Möglichkeiten entsprechen. Es ist jedoch wichtig, zu bedenken, dass eine qualitativ hochwertige Brennapparatur eine langfristige Investition ist, die sich zudem in der Qualität Ihrer Endprodukte widerspiegelt.

Überblick:

Brennapparatur	**Preisbereich**	**Vorteile**	**Nachteile**
Pot Still	500 € bis 2.000 €	einfach zu bedienen	begrenzte Kapazität
Kolonnenbrennerei	1000 € bis 5000 €	hohe Brenneffizienz	komplexere Bedienung
Pot-Column-Hybrid	1.500 € bis 8.000 €	kombiniert die Vorteile von Pot Still	höhere Anschaffungskosten
Doppeldestillation	800 € bis 3.000 €	erzeugt feinen und reinen Schnaps	längere Brenndauer
Molekulardestillation	5.000 € bis 15.000 €	hohe Reinheit und Aromenbewahrung	hohe Anschaffungskosten, technisch anspruchsvoll

Bitte beachten Sie, dass die Preise nur grobe Schätzungen sind und je nach Hersteller, Modell und Ausstattung variieren können. Die Vor- und Nachteile sind allgemeiner Natur und können je nach individuellen Anforderungen und Erfahrungen variieren.

- **Brennanforderungen:** Überlegen Sie zudem, welche Art von Spirituosen Sie brennen möchten und welche spezifischen Anforderungen dies mit sich bringt. Möchten Sie zum Beispiel hochprozentige Destillate wie Whisky oder eher feine Obstbrände herstellen? Je nach Ihren Zielen können unterschiedliche Brennapparaturen besser geeignet sein.
- **Platz und Aufbewahrung:** Berücksichtigen Sie den verfügbaren Platz in Ihrem Haus oder Ihrer Werkstatt für die Aufstellung Ihrer Brennapparatur. Einige Brennapparaturen können recht groß sein und erfordern daher ausreichend Platz für die Installation und Lagerung.
- **Legale Aspekte:** Informieren Sie sich über die lokalen Gesetze und Vorschriften in Bezug auf das Brennen von Alkohol in Ihrer Region. In einigen Ländern und Bundesstaaten sind spezielle Lizenzen und Genehmigungen erforderlich, um legal brennen zu dürfen. Stellen Sie sicher, dass Sie alle rechtlichen Anforderungen erfüllen, um Probleme zu vermeiden.

Insgesamt ist die Auswahl der richtigen Brennapparatur für Ihre Bedürfnisse als Hobbybrenner eine persönliche Entscheidung, die von verschiedenen Faktoren abhängt. Nehmen Sie sich Zeit und stellen Sie sicher, dass Sie eine Entscheidung treffen, die Ihren Zielen und Ihrem Budget entspricht.

Pot Stills und Kolonnenbrennerei im Vergleich

Pot Stills und Kolonnenbrennereien sind zwei gängige Arten von Destillationsapparaturen, die jeweils ihre eigenen Vor- und Nachteile haben. Da diese die Hauptbrennapparaturen sind, finden Sie im Folgenden einen Vergleich der beiden:

Wie bereits beschrieben, ist die Pot-Still-Methode eine traditionelle Form der Schnapsherstellung und eignet sich nicht für die Massenproduktion. Im Folgenden finden Sie eine Aufstellung der Eigenschaften einer **Pot-Still**-Apparatur:

- **Einfachheit:** Pot Stills sind traditionelle Destillationsgeräte, die seit Jahrhunderten verwendet werden. Sie sind einfach im Aufbau und leicht zu bedienen, was sie ideal für Hobbybrenner oder kleinere Brennereien macht.
- **Aromareichtum:** Pot Stills produzieren Spirituosen mit einem reichen und komplexen Aroma, da sie eine höhere Konzentration an aromatischen Verbindungen aus dem Ausgangsmaterial extrahieren. Dies macht sie besonders gut geeignet für die Herstellung von hochwertigen Bränden und Single Malt Whiskys.

• **Flexibilität:** Pot Stills erlauben eine größere kreative Freiheit, da sie es dem Brenner ermöglichen, das Destillat während des Brennvorgangs zu überwachen und anzupassen. Dies ermöglicht die Herstellung einer Vielzahl von Spirituosen mit unterschiedlichen Geschmacksprofilen.

• **Geringere Ausbeute:** Im Vergleich zu Kolonnenbrennereien produzieren Pot Stills in der Regel eine geringere Ausbeute an reinem Alkohol pro Durchgang. Dies kann zu längeren Destillationszeiten und einem höheren Energieverbrauch führen.

Durch das kontinuierliche Brennverfahren bei Kolonnenbrennereien eignen sich diese für die schnellere und kostengünstigere Herstellung größerer Alkoholmengen. Im Folgenden finden Sie eine Aufstellung der Eigenschaften einer **Kolonnenbrennerei**:

• **Effizienz:** Kolonnenbrennereien sind bekannt für ihre hohe Effizienz bei der Destillation und können große Mengen an reinem Alkohol in kürzerer Zeit produzieren. Dies macht sie ideal für kommerzielle Brennereien, die große Mengen an Spirituosen herstellen müssen.

• **Reinheit:** Durch die mehrstufige Destillation in einer Kolonne werden unerwünschte Verunreinigungen und Fuselöle effizient herausgefiltert, was zu einem sehr reinen Endprodukt führt. Dies macht Kolonnenbrennereien besonders geeignet für die Herstellung von klarem und neutralem Alkohol wie Wodka oder Gin.

• **Konsistenz:** Kolonnenbrennereien produzieren in der Regel Spirituosen mit einer gleichmäßigen Qualität, da der Destillationsprozess sehr genau kontrolliert werden kann. Dies ist wichtig für große kommerzielle Brennereien, die ein Produkt mit konstanter Qualität herstellen müssen.

• **Komplexität:** Aufgrund ihrer komplexen Konstruktion und des kontinuierlichen Destillationsprozesses erfordern Kolonnenbrennereien ein höheres Maß an technischem Know-how und Erfahrung, um sie zu betreiben und zu warten. Dies macht sie weniger geeignet für Hobbybrenner oder kleinere Betriebe.

Insgesamt hängt die Wahl zwischen Pot Stills und Kolonnenbrennereien von den individuellen Bedürfnissen und Zielen des Brenners ab. Während Pot Stills besser für die Herstellung handwerklicher Spirituosen und die kreative Freiheit geeignet sind, bieten Kolonnenbrennereien eine höhere Effizienz und Reinheit für kommerzielle Produktionen.

Auf einen Blick
Vor- und Nachteile von Pot Stills und der Kolonnenbrennerei

	Pot Stills	Kolonnenbrennereien
Vorteile	Einfachheit in Aufbau und Bedienung	hohe Effizienz bei der Destillation
	aromareiches Endprodukt	Produktion großer Mengen an reinem Alkohol
	Flexibilität für die Herstellung von verschiedenen Spirituosen	sehr reines Endprodukt
		Konsistenz in der Produktqualität
Nachteile	geringere Ausbeute pro Durchgang	Komplexer in Aufbau und Bedienung
	längere Destillationszeiten und höherer Energieverbrauch	erfordern ein höheres Maß an technischem Know-how und Erfahrung

Die richtige Größe für den Eigenbedarf

Bei der Auswahl zwischen Pot Stills und Kolonnenbrennereien sollten Sie also auch Ihre Produktionsanforderungen berücksichtigen. Wenn Sie nur kleine Chargen von handwerklichen Spirituosen herstellen möchten, könnte eine kleinere Pot Still ausreichen. Wenn Sie jedoch eine größere Menge an reinem Alkohol produzieren müssen oder eine kontinuierliche Produktion wünschen, wäre möglicherweise eine Kolonnenbrennerei die bessere Wahl. Folgende Aspekte sollten Sie bei Pot Stills und Kolonnenbrennereien beachten:

Pot Stills

- **Größe:** Pot Stills gibt es in verschiedenen Größen, von kleinen Hobby-Brennapparaturen bis hin zu größeren Anlagen für kommerzielle Brennereien. Die Auswahl der richtigen Größe hängt von der Menge an Spirituosen ab, die Sie produzieren möchten, sowie von Ihrem verfügbaren Platz und Budget.
- **Brennleistung:** Die Brennleistung einer Pot Still ist oft begrenzt und kann je nach Größe und Design variieren. Kleinere Pot Stills sind in der Regel für die Herstellung von kleinen Chargen oder handwerklichen Spirituosen geeignet, während größere Pot Stills mehr Alkohol pro Durchgang produzieren können.

Kolonnenbrennereien

- **Größe:** Kolonnenbrennereien sind in der Regel größer als Pot Stills und können große Mengen an Alkohol in kürzerer Zeit produzieren. Die Größe einer Kolonnenbrennerei sollte entsprechend Ihrem Produktionsbedarf und den verfügbaren Ressourcen ausgewählt werden.
- **Brennleistung:** Kolonnenbrennereien haben ebenfalls eine höhere Brennleistung als Pot Stills und können kontinuierlich große Mengen an reinem Alkohol produzieren. Dies macht sie ideal für kommerzielle Brennereien oder Produktionen, die eine hohe Ausbeute benötigen.

Pot Stills gibt es zudem in verschiedenen Formen. Jede Form hat Einfluss auf den Geschmack des hergestellten Schnapses. Im Folgenden finden Sie einige gängige Größen und Formen von Pot Stills und ihre Auswirkungen:

Onion (Zwiebel):
Diese Form hat einen breiten Kessel am Boden, der sich nach oben hin verjüngt und in einen konischen Hals übergeht. Die Zwiebelform ermöglicht eine langsamere Destillation, was zu einem sanften und aromatischen Schnaps führt. Durch die langsame Destillation haben die Aromen mehr Zeit, sich zu entwickeln und zu kondensieren.

Alembic:
Der Alembic Still hat eine ähnliche Form wie die Zwiebel, jedoch mit einem längeren Hals. Diese Form wird oft für die Herstellung von Obstbränden verwendet und erzeugt einen feinen und fruchtigen Schnaps mit einer milden Textur.

Thumper (Doubler):
Ein Thumper ist eine zusätzliche Kammer, die unterhalb des Kessels angebracht und mit einer zusätzlichen Flüssigkeit gefüllt ist. Wenn Dampf durch den Thumper strömt, kondensiert er und sammelt sich, bevor er wieder verdampft und in den Kessel zurückkehrt. Dies ermöglicht eine zusätzliche Destillation und Reinigung des Dampfes, was zu einem besonders reinen und klaren Schnaps führt.

Reflux Still:
Diese Art von Still hat eine vertikale Säule, die in mehrere Kammern unterteilt ist, die als „Platten" oder „Reflux-Boxen" bezeichnet werden. Der Dampf steigt durch die Säule auf und kondensiert auf den Platten, wodurch unerwünschte Verunreinigungen entfernt werden. Dies ermöglicht eine sehr präzise Kontrolle über den Destillationsprozess und führt zu einem sehr reinen und neutralen Schnaps, wie z. B. Wodka oder Gin.

Die Wahl der richtigen Größe und Form eines Pot Stills hängt von Ihren persönlichen Vorlieben und Produktionszielen ab. Größere Stills können größere Chargen produzieren, während kleinere Stills oft eine höhere Qualität und Konzentration der Aromen ermöglichen. Letztendlich beeinflusst die Form des Pot Stills den Charakter des Schnapses und kann zu einem breiten Spektrum von Geschmacksprofilen führen.

Basiszubehör für die Schnapsbrennerei

Für die Schnapsbrennerei benötigen Sie eine Reihe von Utensilien, um den Prozess sicher und effizient durchzuführen. Sparen Sie nicht am falschen Ende und investieren Sie auch in das Zubehör. Es wird Ihnen am Ende die Arbeit enorm erleichtern. Im Folgenden finden Sie alle wichtigen Utensilien, die Sie zum Brennen von Schnaps benötigen.

Messbehälter und Flaschen

Es ist zu empfehlen, für die Schnapsherstellung keine Plastikbehälter zu verwenden. Diese sind schlecht zu reinigen, verunreinigen im Zweifel dadurch das Destillat und beeinflussen den Geschmack. Daher sollten Sie in jedem Fall auf Glas als Material zurückgreifen. Auch vom Hantieren mit Einmachgläsern als Ersatz ist abzuraten.

Zur ersten Ausstattung sollten folgende Utensilien gehören:

- **ein Messbecher** aus Glas: empfohlen wird ein Messbecher, der eine gewisse Beständigkeit gegenüber Chemikalien und Temperaturen zeigt. Material wie Borosilikatglas eignet sich hierfür besonders gut. Der Messbecher wird vor allem zur Maischeherstellung gebraucht.
- **ein Glastrichter:** Auch dieser sollte aus hitzebeständigem Glas bestehen. Der Trichter erleichtert Ihnen beispielsweise das Befüllen des Brennkessels oder von Flaschen.
- **ein Rührstab:** Auch bei dem Rührstab sollten Sie auf Glas als Material zurückgreifen. Alte Holz- oder gar Plastiklöffel eignen sich nicht zur Schnapsherstellung, da sie den Geschmack verfälschen und nicht gut zu reinigen sind.
- **Glasflaschen:** Um Ihren fertig gebrannten Schnaps gut aufbewahren zu können, sollten Sie diesen ebenfalls in Flaschen aus Glas abfüllen. Besonders schön sind spezielle Formen, wie sie beispielsweise Apothekerflaschen haben, oder langhalsige Likörflaschen.

Hinweis: Ein Messzylinder-Set kann ebenfalls sehr hilfreich und meist kostengünstiger sein, als sich Messbecher in unterschiedlichen Größen einzeln zu kaufen.

Tipp: Möchten Sie die Flaschen mit einem Korken verschließen, eignet sich zum luftdichten Verschluss sehr gut Verschlussband aus Parafilm.

Wichtiges Zubehör zur Maischeherstellung

Auch für die Maischeherstellung gibt es besondere Utensilien, die den Prozess enorm vereinfachen können. Folgende Dinge sollten Sie sich zulegen:

- **einen Gärbehälter:** Um die Maische herzustellen, benötigen Sie ein geeignetes Gefäß. Es kann sich hier zwischen einem Gärballon und einem Gärfass entschieden werden. Gärballone haben dabei einen bedeutenden Nachteil: Durch die vergleichsweise kleine Öffnung lassen sich diese nur schwer befüllen oder reinigen. Dennoch sind sie in der Regel handlicher. Falls Sie sich für ein Gärfass entscheiden, sollten Sie darauf achten, dass dieses gut transportierbar ist. Griffe außen an dem Fass sind ein Muss. Außerdem muss das Material lebensmittelecht sein.
- **einen Holzlöffel**
- **eine Schöpfkelle:** Diese sollte nicht fehlen und erspart im Zweifel viel verschüttete Maische.
- **einen Filter:** Ein Filter ist besonders gut geeignet, um die Fruchtstücke aus der Maische herauszufiltern. Wird die Maische mit Fruchtstücken gebrannt, birgt das die Gefahr des Anbrennens der Fruchtstücke, welche dann einen bitteren Geschmack freisetzen.

Messgeräte

Auch wenn die Messgeräte recht kostspielig sind, sollten Sie dennoch nicht darauf verzichten. Sie können Ihre Arbeit enorm erleichtern. Folgende Messgeräte sollten Sie zur Alkoholherstellung besitzen.

Refraktometer

Ein Refraktometer ist ein wichtiges Instrument beim Schnapsbrennen, da es zur Messung des Zuckergehalts in der Maische oder im Destillat verwendet werden kann. Im Folgenden finden Sie Gründe, warum ein Refraktometer für Hobbybrenner nützlich ist und wie es funktioniert:

Bestimmung des Zuckergehalts:
Mithilfe eines Refraktometers kann der Zuckergehalt in der Maische vor der Gärung gemessen werden. Dies ist wichtig, da der Zuckergehalt den potenziellen Alkoholgehalt des Endprodukts beeinflusst. Durch die Messung des Zuckergehalts kann der Hobbybrenner feststellen, ob die Maische ausreichend Zucker enthält, um einen bestimmten Alkoholgehalt zu erreichen, oder ob zusätzlicher Zucker hinzugefügt werden muss.

Expertentipp:
Mit herkömmlicher Backhefe kann ein maximaler Alkoholwert von 13 % erreicht werden. Auch mehr Zucker zuzusetzen, hilft nicht, da die Hefe nicht mehr verwerten kann.

Es gilt daher folgende Faustregel:

- 17 g Zucker in 1 l Maische werden zu 1 % Alkohol.
- 221 g Zucker in 1 l Maische werden zu 13 % Alkohol.

Die Menge kann entsprechend auf größere Literangaben umgerechnet werden.

Hinweis: Diese Faustregel gilt nur für herkömmliche Back- oder Trockenhefe, die max. 13 % Alkohol umsetzen kann.

Überwachung der Gärung:
Während des Gärungsprozesses wandelt die Hefe den Zucker in Alkohol um. Das Refraktometer kann verwendet werden, um den Fortschritt der Gärung zu überwachen, indem der Zuckergehalt im Laufe der Zeit gemessen wird. Dies ermöglicht es dem Hobbybrenner, den Zeitpunkt der Gärung zu bestimmen und den Prozess zu kontrollieren, um den gewünschten Alkoholgehalt zu erreichen.

Hinweis: Je nachdem, welche Hefe Sie verwenden, sollten Sie in unterschiedlichen Intervallen den Zuckergehalt bestimmen. Bei einer schnell gärenden Hefe ist es wichtig, jeden Tag eine Messung durchzuführen. Bei Hefen, die mehrere Wochen vergären, sollte nicht zu oft gemessen werden, da bei jeder Messung Sauerstoff in das Gärgefäß eindringt. Das kann dazu führen, dass die Maische verdirbt.

Qualitätskontrolle:
Ein Refraktometer kann auch zur Qualitätskontrolle des Destillats verwendet werden, indem der Zuckergehalt im Destillat gemessen wird. Damit wird sichergestellt, dass das Endprodukt den gewünschten Alkoholgehalt und Geschmack hat und frei von unerwünschten Rückständen und Verunreinigungen ist.

Das Funktionsprinzip eines Refraktometers beruht auf der Messung der Brechung von Licht, die durch die Dichte der Flüssigkeit beeinflusst wird. Wenn Licht durch die Flüssigkeit fällt, wird es gebrochen und der Brechungsindex der Flüssigkeit wird gemessen. Da der Brechungsindex von Zuckerlösungen höher ist als von reinem Wasser, kann das Refraktometer den Zuckergehalt anhand dieser Messung bestimmen. Dazu wird eine kleine Menge der

Flüssigkeit auf die Prismenoberfläche des Refraktometers aufgetragen. Das Gerät beleuchtet dann die Flüssigkeit mit Licht. Durch das Okular kann es sehen, wie das Licht gebrochen wird. Die Skala auf dem Refraktometer zeigt den Brechungsindex der Flüssigkeit an, der in Brix oder manchmal auch in Plato gemessen wird. Anhand dieser Messung kann der Zuckergehalt der Flüssigkeit bestimmt werden.

Alkoholmeter

Ein Alkoholmeter, auch bekannt als Hydrometer, ist ein Instrument, das zur Messung des Alkoholgehalts in Flüssigkeiten wie Destillaten verwendet wird. Im Folgenden finden Sie Gründe, warum ein Alkoholmeter für Hobbybrenner nützlich ist und wie es funktioniert:

Bestimmung des Alkoholgehalts:
Ein Alkoholmeter ermöglicht es, den Alkoholgehalt in Destillaten genau zu messen. Dies ist wichtig, um den Alkoholgehalt des Endprodukts zu bestimmen und sicherzustellen, dass es der gewünschten Stärke entspricht.

Überwachung des Destillationsprozesses:
Während des Destillationsprozesses kann ein Alkoholmeter verwendet werden, um den Alkoholgehalt im Destillat zu überwachen. Dies ermöglicht es dem Hobbybrenner, den Fortschritt der Destillation zu verfolgen und den Prozess zu steuern, um den gewünschten Alkoholgehalt zu erreichen.

Qualitätskontrolle:
Ein Alkoholmeter kann auch zur Qualitätskontrolle des Destillats verwendet werden, indem der Alkoholgehalt gemessen wird. Dies hilft, sicherzustellen, dass das Endprodukt den gewünschten Alkoholgehalt hat und frei von unerwünschten Rückständen oder Verunreinigungen ist.

Das Funktionsprinzip eines Alkoholmeters beruht auf dem Archimedischen Prinzip, das besagt, dass ein in eine Flüssigkeit eingetauchter Körper eine Auftriebskraft erfährt, die vom Gewicht der verdrängten Flüssigkeit abhängt. Ein Alkoholmeter besteht aus einem Glaszylinder mit einer abgewinkelten Skala und einer Schwimmerkugel am Ende. Die Skala zeigt den Alkoholgehalt in Volumenprozent oder Grad Gay-Lussac an. Um den Alkoholgehalt zu messen, wird das Alkoholmeter in das Destillat eingetaucht. Je nach Alkoholgehalt des Destillats steigt oder fällt die Schwimmerkugel im Glaszylinder. Der Alkoholgehalt kann dann anhand der Skala abgelesen werden. Ein höherer Alkoholgehalt führt zu einem niedrigeren Auftrieb und einem tieferen Eintauchen des Alkoholmeters.

Thermometer

Ein Thermometer ist ein unverzichtbares Werkzeug beim Schnapsbrennen und wird aus verschiedenen Gründen verwendet:

Temperaturkontrolle während der Destillation

Während des Destillationsprozesses ist es wichtig, die Temperatur genau zu überwachen, da sie Einfluss auf den Ablauf und die Qualität des Brennvorgangs hat. Ein Thermometer ermöglicht es dem Hobbybrenner, die Temperatur des Destillats im Brennkolben oder in der Destillationsanlage kontinuierlich zu überwachen und sicherzustellen, dass sie im optimalen Bereich bleibt.

Korrekte Einstellung der Destillationsparameter:

Ein Thermometer hilft dem Hobbybrenner zudem, die Destillationsparameter wie den Siedepunkt des Destillats und die Kondensationstemperatur einzustellen. Durch die genaue Messung der Temperatur kann der Brennvorgang optimiert werden, um den gewünschten Alkoholgehalt und Geschmack des Endprodukts zu erreichen.

Vermeidung von Überhitzung oder Unterkühlung:

Überhitzung oder Unterkühlung während des Brennvorgangs sollte vermieden werden. Eine zu hohe Temperatur kann zu unerwünschten chemischen Reaktionen führen und die Qualität des Destillats beeinträchtigen, während eine zu niedrige Temperatur den Destillationsprozess verlangsamen kann.

Kontrolle der Gärtemperatur:

Auch vor der Destillation ist es wichtig, die Temperatur der Maische während der Gärung zu überwachen. Mithilfe des Thermometers kann die optimale Temperatur für die Gärung eingestellt werden, um sicherzustellen, dass sie im richtigen Bereich bleibt, um eine effiziente Gärung zu gewährleisten.

Sonstige hilfreiche Utensilien

- **Schlauch:** ein flexibler Schlauch, der zum Umfüllen von Flüssigkeiten zwischen verschiedenen Behältern und Apparaturen verwendet wird, z. B. zum Abfüllen des Destillats in Flaschen oder zum Entleeren des Brennapparats
- **Wasserbad:** ein Behälter mit Wasser, der verwendet wird, um das Destillat während des Brennvorgangs zu kühlen. Dies hilft, eine Überhitzung zu vermeiden und sicherzustellen, dass das Destillat in der richtigen Temperaturzone kondensiert.
- **Reinigungsmaterialien:** Reinigungsmittel und Bürsten, die zum Reinigen des Brennapparats und anderer Ausrüstung zwischen den Brennvorgängen verwendet werden. Sauberkeit ist wichtig, um eine Kontamination des Destillats zu vermeiden und die Qualität des Schnapses zu gewährleisten.

- **Hitzebeständige Handschuhe:** Handschuhe, die zum sicheren Umgang mit heißen Oberflächen während des Brennvorgangs verwendet werden. Sie schützen die Hände vor Verbrennungen und ermöglichen eine sichere Handhabung des Brennapparats.
- **Feuerlöscher:** ein Feuerlöschgerät, das als Sicherheitsvorkehrung im Falle eines Brandes während des Brennvorgangs dient. Dieser sollte immer in der Nähe des Brennapparats aufbewahrt werden, um im Notfall schnell eingreifen zu können.

Diese Utensilien bilden die Basisausrüstung für die Schnapsbrennerei und sind für einen sicheren und effizienten Betrieb unerlässlich. Sie ermöglichen es dem Hobbybrenner, den Destillationsprozess zu kontrollieren und hochwertigen Schnaps herzustellen.

Pflege und Wartung von Brenngeräten

Sauberkeit und Reinigung sind beim Brennen von Schnaps von entscheidender Bedeutung, da sie direkten Einfluss auf die Qualität des Endprodukts haben. Genauso ist eine regelmäßige Wartung der Brenngeräte unerlässlich.

Sauberkeit und Reinigung

Durch eine saubere Arbeitsumgebung und gut gereinigte Geräte wird sichergestellt, dass der Schnaps frei von Fremdstoffen und Verunreinigungen ist, die den Geschmack beeinträchtigen könnten. Darüber hinaus minimiert eine gründliche Reinigung das Risiko von unerwünschten chemischen Reaktionen während des Brennvorgangs, die die Qualität des Destillats negativ beeinflussen könnten.

Besondere Aufmerksamkeit sollte der Reinigung des Brennkolbens, der Destillationsanlage, der Rohrleitungen und aller anderen Teile der Brennapparatur geschenkt werden. Es ist wichtig, alle Rückstände von vorangegangenen Brennvorgängen zu entfernen und sicherzustellen, dass die Apparatur vor dem Gebrauch gründlich gespült und desinfiziert wird. Darüber hinaus sollten alle Utensilien, die mit der Maische oder dem Destillat in Kontakt kommen, wie Messbecher, Trichter und Siebe, sorgfältig gereinigt und desinfiziert werden, um eine Kontamination zu vermeiden.

Die Beachtung von Sauberkeit und Hygiene während des gesamten Brennprozesses trägt nicht nur zur Qualität des Endprodukts bei, sondern stellt auch sicher, dass der selbstgebrannte Schnaps sicher für den Verzehr ist. Daher sollten Sie stets darauf achten, dass ihre Arbeitsumgebung sauber ist und alle Geräte und Utensilien ordnungsgemäß gereinigt werden, um beste Ergebnisse zu erzielen.

Professionelle Brennereien unterliegen dabei verschiedenen Hygienevorschriften, die in folgenden Gesetzen festgeschrieben sind:

- **Das Branntweinmonopolgesetz (BranntwMonG):** Dieses Gesetz regelt die Herstellung und den Verkauf von Branntwein in Deutschland. Es enthält Bestimmungen zur Lizenzierung von Brennereien, zur Kennzeichnung von Produkten und zur Besteuerung von Branntwein.
- **Die Branntweinverordnung (BranntwV):** Diese Verordnung konkretisiert die Anforderungen des Branntweinmonopolgesetzes und legt detaillierte Vorschriften zur Herstellung, Lagerung, Kennzeichnung und Qualität von Branntwein fest.
- **Lebensmittel- und Bedarfsgegenständegesetz (LMBG):** Dieses Gesetz regelt allgemein die Sicherheit von Lebensmitteln und Bedarfsgegenständen und enthält auch Bestimmungen, die für die Herstellung von Spirituosen gelten.
- **Die EU-Lebensmittelhygieneverordnung (VO (EG) 852/2004):** Diese Verordnung legt allgemeine Hygienevorschriften für Lebensmittelunternehmer fest, einschließlich Betriebe, die Spirituosen herstellen.

Diese rechtlichen Dokumente enthalten detaillierte Anforderungen an die Hygiene in Schnapsbrennereien sowie Regelungen zur Lebensmittelsicherheit, Kennzeichnung von Produkten, Besteuerung und anderen Aspekten der Schnapsproduktion. Sie können auf den Websites der entsprechenden Behörden, wie dem Bundesministerium für Ernährung und Landwirtschaft (BMEL) oder dem Bundesministerium der Justiz und für Verbraucherschutz (BMJV), eingesehen werden. Zudem bieten lokale Gesundheitsämter und Lebensmittelüberwachungsbehörden in den Bundesländern Unterstützung und Beratung zu den gesetzlichen Vorgaben.

Im Folgenden finden Sie eine Liste mit Utensilien für die Reinigung:

- **Reinigungsmittel:** spezielle Reinigungsmittel für die Reinigung von Edelstahl, Kupfer oder anderen Materialien, aus denen der Brennapparat besteht. Sie sollten für die Entfernung von Rückständen und Verunreinigungen geeignet sein, ohne die Oberfläche zu beschädigen.
- **Bürsten:** verschiedene Arten von Bürsten in verschiedenen Größen und Formen, um alle Teile des Brennapparats gründlich zu reinigen. Dazu gehören Flaschenbürsten, Rohrbürsten, Pinsel und andere Spezialbürsten.
- **Schwämme und Lappen:** zum Auftragen von Reinigungsmitteln und zum Abwischen von Oberflächen. Sie sollten aus Materialien hergestellt sein, die keine Kratzer auf der Oberfläche des Brennapparats hinterlassen.

- **Entkalkungsmittel:** spezielle Entkalkungsmittel zur Entfernung von Kalkablagerungen im Brennapparat, insbesondere in den Heizspiralen oder Heizplatten.
- **Spülbürste:** eine große Bürste zum Reinigen des Brennkessels oder der Brennkammer. Sie sollte flexibel genug sein, um alle Bereiche zu erreichen und gründlich zu reinigen.
- **Schaufel oder Löffel:** zum Entfernen von Rückständen oder Feststoffen aus dem Brennkessel oder der Brennkammer.

Exkurs: Reinigungsmittel

Alkoholbeständigkeit: Da Alkohol ein Hauptbestandteil von Destillaten ist, sollten die verwendeten Reinigungsmittel alkoholbeständig sein, um eine chemische Reaktion zu vermeiden und die Effizienz der Reinigung zu gewährleisten.

Metallverträglichkeit: Brenngeräte bestehen oft aus verschiedenen Metallen wie Kupfer, Edelstahl oder Messing. Die Reinigungsmittel sollten für diese Metalle geeignet sein und keine Korrosion oder Beschädigung verursachen.

Entfernung von Rückständen: Die Reinigungsmittel sollten effektiv sein, um Rückstände wie Hefen, Proteine, Ablagerungen und Verunreinigungen zu entfernen, die während des Brennvorgangs entstehen können. Sie sollten auch bei niedrigen Temperaturen wirksam sein, um eine effiziente Reinigung zu ermöglichen.

Lebensmittelsicherheit: Die Reinigungsmittel sollten lebensmittelsicher sein, keine Rückstände und keinen unerwünschten Geschmack im Destillat hinterlassen. Es sollte sichergestellt werden, dass alle Rückstände gründlich entfernt werden, um die Qualität des Endprodukts nicht zu beeinträchtigen.

Umweltverträglichkeit: Wenn möglich, sollten umweltfreundliche Reinigungsmittel bevorzugt werden, die biologisch abbaubar und umweltschonend sind.

Beim Kauf von Reinigungsmitteln für Brenngeräte ist es ratsam, sich an die Empfehlungen des Herstellers zu halten und nach Produkten zu suchen, die speziell für die Reinigung von Destillationsapparaturen entwickelt wurden. Es ist wichtig, die Anweisungen des Herstellers genau zu befolgen und die Brenngeräte nach der Reinigung gründlich mit Wasser zu spülen, um sicherzustellen, dass keine Rückstände im Destillat verbleiben.

- **Schlauch:** ein langer Schlauch, der zum Spülen des Brennkessels oder der Brennkammer verwendet werden kann, um Rückstände oder Verunreinigungen zu entfernen.
- **Handtücher:** zum Trocknen von gereinigten Teilen oder zum Abwischen von Oberflächen.
- **Handschuhe:** Schutzhandschuhe zum Schutz der Hände während der Reinigung und Wartung des Brennapparats. Sie sollten hitzebeständig und chemikalienbeständig sein.
- **Eimer oder Behälter:** zum Mischen von Reinigungslösungen oder zum Sammeln von Abwasser während der Reinigung.
- **Trocken- oder Nasssauger:** zum Entfernen von Wasser oder Reinigungsmitteln aus dem Brennapparat nach der Reinigung.

Wartung

Auch die regelmäßige Wartung der Brenngeräte ist entscheidend, um ihre optimale Leistung zu gewährleisten. Im Folgenden finden Sie einige Empfehlungen zur Wartung der Brenngeräte:
Nach jedem Brennvorgang sollten die Brenngeräte gründlich gereinigt werden, um Rückstände und Verunreinigungen zu entfernen. Dies umfasst das Spülen und Reinigen des Brennkolbens, der Rohrleitungen, der Kondensator- und Kühlvorrichtungen sowie aller anderen Teile der Destillationsanlage.

- Sie sollten regelmäßig alle Teile der Brenngeräte auf Anzeichen von Verschleiß oder Beschädigung überprüfen. Dazu gehören Dichtungen, Ventile, Verbindungsstücke und andere bewegliche Teile. Verschlissene oder beschädigte Teile sollten rechtzeitig ersetzt werden, um eine ordnungsgemäße Funktion sicherzustellen.
- Bewegliche Teile wie Ventile und Verschlussklappen sollten regelmäßig mit geeignetem Schmiermittel geölt werden, um ein reibungsloses Funktionieren zu gewährleisten und Verschleiß zu minimieren.
- Wenn Ihr Brenngerät von Kalkablagerungen betroffen ist, sollte es regelmäßig entkalkt werden, um Verstopfungen zu vermeiden und die Effizienz der Destillation zu erhöhen. Hierfür können spezielle Entkalkungsmittel oder Essiglösungen verwendet werden.
- Alle Verbindungen und Verschlusskappen sollten regelmäßig überprüft werden. Undichte Stellen können die Effizienz des Brennvorgangs beeinträchtigen und sollten umgehend behoben werden.
- Wenn die Brenngeräte längere Zeit nicht verwendet werden, sollten sie ordnungsgemäß gereinigt und trocken gelagert werden, um Korrosion zu vermeiden. Gegebenenfalls können auch Schutzabdeckungen oder -hüllen verwendet werden, um die Geräte vor Staub und Feuchtigkeit zu schützen.

Schritt-für-Schritt-Anleitung – So funktioniert's!

Vorbereitung des Brennvorgangs

Sich überstürzt in einen neuen Brennprozess zu stürzen, ist der größte Fehler, den ein Hobbybrenner machen kann. Es gilt, sich zunächst Gedanken zu machen und alles gut vorzubereiten, um während des Brennprozesses alles zur Verfügung zu haben. Dieser Schritt ist entscheidend, um sicherzustellen, dass der Brennvorgang reibungslos verläuft und qualitativ hochwertiger Schnaps produziert wird. Zunächst einmal ist es wichtig, die Brennapparatur gründlich zu reinigen. Selbst wenn die Apparatur regelmäßig verwendet wird, können sich im Laufe der Zeit Rückstände und Verunreinigungen ansammeln, die die Qualität des destillierten Schnapses beeinträchtigen können. Alle Teile der Brennapparatur, einschließlich des Brennkessels, der Rohre, Ventile und Anschlüsse, sollten daher gründlich gereinigt werden. Dies umfasst auch die Überprüfung auf Lecks oder Beschädigungen, die repariert werden müssen, bevor der Brennvorgang beginnt.

Ein weiterer wichtiger Schritt ist die Auswahl des richtigen Brennvorgangs. Je nach Art des gewünschten Schnapses und den Eigenschaften der Ausgangsmaterialien stehen verschiedene Brennverfahren zur Auswahl. Es ist entscheidend, sich über die verschiedenen Brennverfahren zu informieren und dasjenige auszuwählen, welches am besten zu den eigenen Bedürfnissen und Zielen passt. Nachdem die Brennapparatur gereinigt und das Brennverfahren ausgewählt wurde, ist es Zeit, die erforderlichen Materialien und Zutaten vorzubereiten. Dies kann das Beschaffen von Obst oder Getreide, die Vorbereitung von Maische oder die Auswahl von Aromastoffen umfassen. Alle Zutaten sollten von hoher Qualität sein und sorgfältig ausgewählt werden, um die bestmögliche Qualität des destillierten Schnapses zu gewährleisten. Darüber hinaus sollten alle erforderlichen Werkzeuge und Utensilien für den Brennvorgang bereitgestellt werden. Dies umfasst Bürsten, Reinigungsmittel, Handschuhe, Messgeräte und andere Werkzeuge, die für die Durchführung des Brennvorgangs erforderlich sind. Es ist zudem wichtig, dass alle Werkzeuge und Utensilien sauber und einsatzbereit sind, um Verzögerungen während des Brennvorgangs zu vermeiden.

Schließlich ist es auch ratsam, sich mit den Sicherheitsvorkehrungen vertraut zu machen und sicherzustellen, dass alle erforderlichen Vorkehrungen getroffen wurden, um Unfälle zu vermeiden. Dazu gehören die Platzierung eines Feuerlöschers in der Nähe des Brennapparats, die Verwendung von Schutzkleidung und die Einhaltung aller geltenden Sicherheitsvorschriften und -richtlinien.

MAISCHEHERSTELLUNG

Bevor mit der Herstellung der Maische begonnen werden kann, ist auch hierbei eine gründliche Vorbereitung unerlässlich, um sicherzustellen, dass die Maische von hoher Qualität ist und den gewünschten Schnaps ergibt.

Zunächst einmal müssen benötigte Zutaten und Ausgangsmaterialien vorbereitet werden. Je nach Art des gewünschten Schnapses können dies verschiedene Arten von Obst, Getreide oder anderen Rohstoffen sein. Es sollten nur frische und hochwertige Zutaten verwendet werden, um die bestmögliche Qualität der Maische zu gewährleisten. Sobald die Zutaten beschafft wurden, müssen diese vorbereitet und verarbeitet werden. Dies kann das Waschen, Schälen, Zerkleinern oder Entsaften von Obst oder das Mahlen von Getreide umfassen. Die genaue Vorbereitung hängt von der Art der Zutaten und dem gewählten Rezept ab, sollte jedoch sorgfältig und gründlich durchgeführt werden, um eine gute Ausbeute und Qualität der Maische zu erzielen.

Nach der Vorbereitung der Zutaten ist es Zeit, die Maische zu mischen. Zutaten wie Wasser, Hefe und andere Zusätze werden hinzugefügt, um die Gärung zu starten und den gewünschten Geschmack und Alkoholgehalt des Schnapses zu erreichen. Die genaue Zusammensetzung der Maische hängt vom Rezept und den persönlichen Vorlieben des Hobbybrenners ab. Während des Mischprozesses ist es wichtig, die richtigen Mengen und Verhältnisse der Zutaten zu beachten, um eine gute und hochwertige Maische zu erhalten. Es kann hilfreich sein, ein genaues Rezept zu verwenden oder sich an bewährte Methoden und Richtlinien zu halten, um die besten Ergebnisse zu erzielen.

Exkurs: Säureschutz und Hefe

Es kann hilfreich sein, die Maische anzusäuern, um diese vor Verderb zu schützen. Von Natur aus sind Früchte mit Mikroorganismen, wie beispielsweise Essigbakterien, besetzt. Während die Hefe Zucker in Alkohol umwandelt, nutzen diese den Alkohol, um Essigsäure herzustellen. Da die Bakterien ein saures Milieu nicht mögen, kann die Reaktion durch die Ansäuerung verlangsamt werden. Pro 100 kg Maische sollten 150 bis 200 g Säure in einem Liter Wasser aufgelöst zugesetzt werden. Wichtig ist, alles gut zu vermischen und erst danach die Hefe zuzusetzen.

Für eine gute Hefeaktivität sollten pro 100 kg Maische ca. 15 bis 20 g Trockenhefe verwendet werden. Diese wird in 20 ml handwarmem Wasser aufgelöst und zunächst 20 Minuten stehen gelassen. Bei Beginn des Einmaischens sollte die Hefe sofort zugeführt werden. Früchten mit weniger Zuckergehalt sollten 20 bis 30 g Hefe zugefügt werden.

Tipp: Zum Herstellen einer Obstmaische können Sie den Obstmaischerechner benutzen, welcher Ihnen das Verhältnis zwischen Früchten, Zucker und Wasser angibt.

Über den QR-Code kommen Sie zum Obstmaische-Rechner. Sobald die Maische vorbereitet ist, sollte sie in einem geeigneten Behälter gelagert werden. Nun muss Zeit für den Gärprozess eingeplant werden. Dies kann je nach Rezept und Art des Schnapses in der Regel drei bis fünf Wochen dauern. Der Prozess erfordert eine sorgfältige Überwachung und Kontrolle, um eine gute Qualität der Maische zu gewährleisten.

Bitte bedenken Sie auch, dass bei dem Gärprozess das Gas Kohlendioxid entsteht. Der Gärbehälter muss also so verschlossen werden, dass das Gas entweichen kann. Dafür eignet sich beispielsweise ein Gärfilter.

Schritt-für-Schritt-Anleitung

Schritt 1: Zutaten vorbereiten
Beschaffen Sie die benötigten Zutaten für Ihre Maische. Je nach Art des Schnapses können dies Obst, Getreide, Zucker und Wasser sein. Stellen Sie sicher, dass die Zutaten frisch und von hoher Qualität sind.

Schritt 2: Bereiten Sie die Zutaten vor, indem Sie sie gegebenenfalls waschen, schälen, zerkleinern oder mahlen. Zum Beispiel müssen Obstsorten gewaschen, entkernt und zerkleinert werden, während Getreide gemahlen werden muss.

Schritt 3: Mischen Sie die verarbeiteten Zutaten in einem geeigneten Behälter. Fügen Sie Wasser hinzu, um die gewünschte Konsistenz zu erreichen, und gegebenenfalls Zucker oder andere Zusätze, um den Geschmack zu verbessern.

Schritt 4: Fügen Sie Hefe zur Maische hinzu, um den Gärungsprozess zu starten. Die Menge der Hefe sollte entsprechend dem Rezept oder den Anweisungen des Herstellers sein.

Schritt 5: Decken Sie den Behälter mit der Maische ab und lassen Sie ihn an einem warmen Ort stehen, um die Gärung zu starten. Die genaue Zeitdauer für die Gärung hängt von der Art des Schnapses und dem gewählten Rezept ab.

Schritt 6: Überwachen Sie den Fortschritt der Gärung regelmäßig, indem Sie die Temperatur und den pH-Wert der Maische messen. Stellen Sie sicher, dass die Gärung ordnungsgemäß verläuft und die gewünschten Ergebnisse erzielt werden.

Schritt 7: Lassen Sie die Gärung fortsetzen, bis sie abgeschlossen ist. Dies kann je nach Rezept und Art des Schnapses mehrere Tage oder sogar Wochen dauern. Überprüfen Sie regelmäßig, ob die Gärung abgeschlossen ist, indem Sie die Aktivität der Hefe und den Alkoholgehalt der Maische messen.

Schritt 8: Filtern Sie die fertige Maische, um feste Bestandteile zu entfernen und eine klare Flüssigkeit zu erhalten. Dies kann durch Abseihen oder Verwenden eines Filters erfolgen.

Nach Abschluss dieser Schritte ist Ihre Maische fertig für den Destillationsprozess. Es ist wichtig, Geduld und Sorgfalt walten zu lassen und die Anweisungen sorgfältig zu befolgen, um eine hochwertige Maische zu erhalten, die die Grundlage für einen köstlichen Schnaps bildet.

Tipps zur Optimierung des Gärprozesses

• **Verwendung hochwertiger Hefe:** Wählen Sie eine hochwertige Hefe, die für die Art des Schnapses geeignet ist, den Sie herstellen möchten. Verschiedene Hefestämme haben unterschiedliche Eigenschaften und können den Geschmack und das Aroma des fertigen Schnapses beeinflussen.

• **Temperaturkontrolle:** Stellen Sie sicher, dass die Temperatur der Maische während der Gärung im optimalen Bereich liegt. Die ideale Temperatur variiert je nach Hefestamm und Art des Schnapses, liegt jedoch typischerweise zwischen 18 °C und 25 °C.

• **pH-Wert überwachen:** Messen Sie regelmäßig den pH-Wert der Maische und stellen Sie sicher, dass er im optimalen Bereich für die Hefe liegt. Ein pH-Wert zwischen 4 und 5 ist typischerweise ideal für die meisten Hefestämme.

• **Zusatzstoffe verwenden:** Verwenden Sie gegebenenfalls Zusatzstoffe wie Hefenährstoffe oder Enzyme, um den Gärungsprozess zu optimieren und die Ausbeute zu verbessern. Diese können dazu beitragen, die Aktivität der Hefe zu erhöhen und den Zucker effizienter umzuwandeln.

• **Hygiene beachten:** Achten Sie auf eine saubere und hygienische Arbeitsumgebung, um das Risiko von Kontaminationen zu minimieren. Reinigen Sie alle Geräte und Behälter gründlich, bevor sie verwendet werden, und halten Sie sie während des gesamten Gärungsprozesses sauber.

• **Gärbehälter abdecken:** Decken Sie den Gärbehälter während der Gärung ab, um das Eindringen von Fremdkörpern und Schädlingen zu verhindern. Auch das Eindringen von zu viel Sauersoff kann dazu führen, dass die Maische umkippt. Verwenden Sie jedoch eine lockere Abdeckung, um die Freisetzung von Kohlendioxid zu ermöglichen. In Gärfässern ist oft bereits ein Gärspund eingesetzt. Dieser verhindert das Eindringen von Sauerstoff, ermöglicht aber gleichzeitig die Freisetzung von Kohlenstoffdioxid, sodass sich der Druck im Inneren nicht erhöht.

• **Regelmäßige Überwachung:** Überwachen Sie den Fortschritt der Gärung regelmäßig, indem Sie den Alkoholgehalt, die Aktivität der Hefe und andere relevante Parameter messen. Passen Sie bei Bedarf die Bedingungen an, um den optimalen Gärungsprozess zu erreichen.

Während des Destillationsprozesses

Während des eigentlichen Brennprozesses ist es entscheidend, jede Phase mit Präzision und Aufmerksamkeit zu behandeln, um einen hochwertigen Schnaps zu gewährleisten. Zu Beginn des Brennprozesses wird die Maische oder der Maischbottich in die Brennblase oder den Kessel der Destillationsanlage gegeben. Die Hitze wird dann allmählich erhöht, um die Flüssigkeit zu erhitzen und die Verdampfung der Alkohole zu fördern. Während des Aufheizens beginnt die Flüssigkeit, zu kochen, wobei die Alkoholdämpfe aufsteigen und durch den Kopf der Destillationsanlage geleitet werden. Es ist wichtig, die Temperatur sorgfältig zu überwachen, um sicherzustellen, dass sie nicht zu hoch wird und die unerwünschten Verbindungen verdampft werden. Der Kopf der Destillationsanlage ist mit einem Kondensator verbunden, der die aufsteigenden Dämpfe abkühlt und in die flüssige Form zurückführt. Während dieses Prozesses erfolgt eine erste Trennung der verschiedenen Fraktionen des Destillats: Vorlauf, Mittellauf und Nachlauf.

- **Der Vorlauf**, der die ersten Dämpfe enthält, die aus der Maische aufsteigen, muss abgetrennt und verworfen werden, da er unerwünschte Verunreinigungen und toxische Substanzen enthält.
- **Der Mittellauf**, der die reinsten und begehrtesten Alkohole enthält, wird sorgfältig gesammelt und weiter destilliert, um den gewünschten Schnaps zu erhalten.
- **Der Nachlauf**, der die letzten Dämpfe enthält, die aus der Maische aufsteigen, wird ebenfalls abgetrennt und verworfen, da er unerwünschte Verbindungen und unerwünschte Aromen enthalten kann.

Während des gesamten Brennprozesses ist es wichtig, die Destillationsanlage sorgfältig zu überwachen und gegebenenfalls Anpassungen vorzunehmen, um sicherzustellen, dass der Schnaps die gewünschten Eigenschaften aufweist. Dies kann die Kontrolle der Temperatur, der Destillationsgeschwindigkeit und der Fraktionstrennung umfassen. Nach Abschluss des Brennprozesses wird der gesammelte Mittellauf in der Regel weiterbearbeitet und möglicherweise nochmals destilliert, um die gewünschte Reinheit und Qualität des Schnapses zu erreichen. Die sorgfältige Überwachung und Steuerung des Brennprozesses sind entscheidend, um einen hochwertigen Schnaps mit den gewünschten Geschmacks- und Aromaeigenschaften zu erhalten.

Wichtigkeit von Druck und Temperatur

Die Kontrolle von Druck und Temperatur während des Destillationsprozesses ist entscheidend, um eine effiziente und präzise Destillation zu gewährleisten. Im Folgenden finden Sie einige wichtige Aspekte, die zu beachten sind:

Druckkontrolle

Der Druck in der Destillationsanlage kann einen erheblichen Einfluss auf den Destillationsprozess haben. Ein zu hoher Druck kann zu unerwünschter Verunreinigung und schlechter Fraktionstrennung führen, während ein zu niedriger Druck die Effizienz der Destillation beeinträchtigen kann. Sie sollten den Druck in der Anlage sorgfältig überwachen und gegebenenfalls anpassen, um optimale Bedingungen für die Destillation zu gewährleisten. Druckveränderungen können auch die Siedepunkte der Flüssigkeiten verändern.

Temperaturkontrolle
Die Temperatur ist ein weiterer wichtiger Parameter, der während des Destillationsprozesses genau überwacht werden muss. Die richtige Temperatur ermöglicht eine effiziente Verdampfung der Alkohole und eine präzise Fraktionstrennung. Zu hohe Temperaturen können zu unerwünschter Überhitzung und zu niedrige Temperaturen zu unzureichender Destillation führen. Durch die genaue Kontrolle der Temperatur können Sie sicherstellen, dass der Destillationsprozess reibungslos verläuft und der Schnaps die gewünschten Eigenschaften aufweist.

Korrelation von Druck und Temperatur
Es ist entscheidend, zu verstehen, wie sich Druck und Temperatur während des Destillationsprozesses zueinander verhalten. In der Regel steigt die Temperatur mit zunehmendem Druck und sinkt mit abnehmendem Druck. Durch die Überwachung und Kontrolle dieser beiden Parameter können Sie die Bedingungen in der Destillationsanlage optimal anpassen und die Qualität des Schnapses maximieren.

Anpassung an die Brennverfahren
Je nach angewendetem Brennverfahren können sich die optimalen Druck- und Temperaturbedingungen unterscheiden. Zum Beispiel erfordert die Destillation in einer Pot Still möglicherweise eine andere Druck- und Temperaturregelung als die Destillation in einer Kolonnenbrennerei. Die Anforderungen des spezifischen Brennverfahrens sollten berücksichtigt werden, um die Druck- und Temperaturparameter entsprechend anzupassen.

Nachbehandlung und Lagerung

Die Nachbehandlung und Lagerung des Destillats sind entscheidende Schritte, um sicherzustellen, dass der Schnaps die gewünschten Eigenschaften entwickelt und seine Qualität im Laufe der Zeit verbessert. Folgende Schritte sind nach der Destillation zu beachten und durchzuführen:

- **Filtration:** Nach der Destillation kann es sinnvoll sein, das Destillat zu filtern, um unerwünschte Verunreinigungen zu entfernen und eine klarere und reinere Spirituose zu erhalten. Dies kann durch die Verwendung von Filtermaterialien, wie Aktivkohle oder spezielle Filterpapiere, erfolgen.
- **Aromatisierung und Veredelung:** Je nach den gewünschten Eigenschaften des Schnapses können zusätzliche Aromen oder Zutaten hinzugefügt werden, um seinen Geschmack zu veredeln und zu verbessern. Dies kann die Zugabe von Kräutern, Gewürzen, Früchten oder anderen natürlichen Aromen umfassen. Die richtige Dosierung und Kombination dieser Zutaten sind entscheidend, um ein ausgewogenes und harmonisches Geschmacksprofil zu erzielen.

• **Lagerung:** Die Lagerung des Destillats in geeigneten Behältern und unter optimalen Bedingungen ist von entscheidender Bedeutung für seine Entwicklung und Reifung. Traditionell wird Schnaps oft in Eichenfässern gelagert, um seine Aromen zu bereichern und ihm eine angenehme Farbe und Textur zu verleihen. Die Wahl des richtigen Fasstyps und die Dauer der Lagerung können einen erheblichen Einfluss auf den endgültigen Geschmack und Charakter des Schnapses haben.

• **Temperatur und Luftfeuchtigkeit:** Die Lagerung sollte unter kontrollierten Bedingungen erfolgen, um eine gleichmäßige und stabile Reifung des Destillats zu gewährleisten. Eine konstante Temperatur und Luftfeuchtigkeit sind entscheidend, um unerwünschte Veränderungen oder Schäden am Destillat zu vermeiden. Idealerweise sollte der Lagerort kühl, dunkel und gut belüftet sein, um optimale Lagerbedingungen zu gewährleisten.

• **Reifung und Entwicklung:** Während der Lagerung entwickelt das Destillat allmählich seine charakteristischen Aromen und Geschmacksnuancen. Die Dauer der Lagerung kann je nach Art des Destillats und den persönlichen Vorlieben variieren. Es sollten regelmäßig Proben des Destillats genommen werden, um seine Entwicklung zu überwachen, damit der optimale Zeitpunkt für die Abfüllung bestimmt werden kann.

Filtrationstechniken

Es gibt unterschiedliche Filtrationstechniken, um das Destillat weiter zu verfeinern und von Verunreinigungen zu befreien. Auch die Auswahl der Technik kann Einfluss auf den Geschmack des Destillats nehmen.

• **Aktivkohlefiltration:** Aktivkohle ist ein häufig verwendetes Material zur Filtration von Destillaten. Durch die poröse Struktur der Aktivkohle werden unerwünschte Verunreinigungen und unangenehme Aromen absorbiert, während der Geschmack und die Reinheit des Destillats verbessert werden.

• **Kieselgelfiltration:** Kieselgel ist ein weiteres Material, das zur Filtration von Destillaten verwendet werden kann. Es ist besonders effektiv bei der Entfernung von feinen Partikeln und Trübungen, wodurch das Destillat klarer und rein wird.

• **Kartuschenfiltration:** Kartuschenfilter sind spezielle Filtervorrichtungen, die mit verschiedenen Filtermaterialien gefüllt sind und zur Reinigung von Destillaten verwendet werden können. Sie ermöglichen eine präzise Kontrolle über den Filtrationsprozess und können je nach Bedarf angepasst werden.

• **Tiefenfiltration:** Bei der Tiefenfiltration wird das Destillat durch mehrere Schichten verschiedener Filtermaterialien geleitet, um eine gründliche Reinigung zu gewährleisten. Dies ermöglicht eine effektive Entfernung von Verunreinigungen und Trübungen, was zu einem klareren und reineren Destillat führt.

- **Membranfiltration:** Membranfiltrationstechniken wie Umkehrosmose oder Nanofiltration können ebenfalls zur Reinigung von Destillaten verwendet werden. Diese Techniken nutzen halbdurchlässige Membranen, um unerwünschte Substanzen aus dem Destillat zu entfernen und eine hohe Reinheit zu erreichen.

Definition: Umkehrosmose und Nanofiltration

Umkehrosmose: Umkehrosmose ist ein Verfahren zur Wasseraufbereitung, das auf der Osmose basiert, aber den Prozess umkehrt. Beim Prozess der Osmose wird Wasser durch eine semipermeable Membran von einer Seite mit niedrigerer Konzentration gelöster Stoffe (höherer Wassergehalt) zu einer Seite mit höherer Konzentration gelöster Stoffe (niedrigerer Wassergehalt) transportiert, um ein Gleichgewicht herzustellen. Bei der Umkehrosmose hingegen wird Druck auf die Seite mit der höheren Konzentration gelöster Stoffe ausgeübt, wodurch das Wasser entgegen dem natürlichen Fluss durch die semipermeable Membran gedrückt wird. Dadurch werden Verunreinigungen, Schadstoffe, Salze und andere gelöste Feststoffe zurückgehalten, während sauberes, gereinigtes Wasser auf der anderen Seite der Membran gesammelt wird. Umkehrosmose wird häufig in der Trinkwasseraufbereitung, Meerwasserentsalzung, Abwasserbehandlung, Lebensmittel- und Getränkeindustrie sowie in der Chemie- und Pharmaindustrie eingesetzt, um Wasser von Verunreinigungen zu reinigen und es für verschiedene Zwecke nutzbar zu machen.

Nanofiltration: Nanofiltration ist ein Verfahren zur Wasseraufbereitung, das ähnlich wie die Umkehrosmose funktioniert, jedoch auf einer feineren Skala operiert. Es nutzt spezielle Membranen, die im Nanometerbereich porös sind und bestimmte gelöste Stoffe und Ionen selektiv durchlassen. Im Gegensatz zur Umkehrosmose werden bei der Nanofiltration größere Moleküle wie Salze und organische Verbindungen zurückgehalten, während kleinere Moleküle wie Wasser und gelöste Gase passieren können. Dadurch werden Verunreinigungen wie Schwermetalle, organische Stoffe und bestimmte Salze effektiv aus dem Wasser entfernt. Nanofiltration wird häufig in der Trinkwasseraufbereitung eingesetzt, um Wasser von Verunreinigungen zu reinigen und es für den menschlichen Verzehr sicherzumachen. Es wird auch in der Lebensmittel- und Getränkeindustrie, der Pharmaindustrie und der Abwasserbehandlung angewendet, um Wasser für verschiedene industrielle Zwecke aufzubereiten und zu reinigen.

Die Wahl der geeigneten Filtrationstechnik hängt von verschiedenen Faktoren ab, einschließlich der Art der Verunreinigungen im Destillat, der gewünschten Reinheit und des Geschmacksprofils. Durch den Einsatz geeig-neter Filtrationstechniken können die Qualität und die Reinheit von Destillaten deutlich verbessert werden.

Lagerung

Die Lagerungsmöglichkeiten und ihre Auswirkungen auf den Geschmack von Destillaten sind vielfältig und spielen eine entscheidende Rolle bei der Entwicklung des Charakters und der Aromen des Endprodukts. Im Folgenden finden Sie einige wichtige Lagerungsmethoden und ihre Einflüsse:

- **Eichenfasslagerung:** Die Lagerung von Destillaten in Eichenfässern ist eine der traditionellsten Methoden und hat einen erheblichen Einfluss auf den Geschmack des Endprodukts. Während der Lagerung interagieren das Destillat und das Holz des Fasses miteinander, wodurch eine Vielzahl von Aromen und Geschmacksstoffen extrahiert werden. Eichenfässer verleihen dem Destillat oft Noten von Vanille, Karamell, Gewürzen und holzigen Nuancen, die es verfeinern und bereichern. Auch die Farbe des Schnapses wird durch die Lagerung in Holzfässern beeinflusst.

- **Fassalterung:** Die Dauer der Fasslagerung hat einen signifikanten Einfluss auf den Geschmack des Destillats. Während der Lagerung reifen die Destillate und entwickeln komplexere Aromen und Geschmacksprofile. Je länger das Destillat gelagert wird, desto intensiver werden die Aromen aus dem Holz extrahiert, was zu einem reicheren und vollmundigeren Geschmackserlebnis führt.

- **Fasstypen:** Die Art des Fasses, in dem das Destillat gelagert wird, beeinflusst ebenfalls seinen Geschmack. Verschiedene Holzarten und Fasstypen, wie zum Beispiel amerikanische oder europäische Eiche, Sherry- oder Bourbonfässer, verleihen dem Destillat unterschiedliche Aromen und Charakteristika. Jeder Fasstyp trägt auf seine eigene Weise zur Geschmacksentwicklung bei und kann dem Destillat einzigartige Nuancen verleihen.

- **Umgebungseinflüsse:** Die Umgebung, in der das Destillat gelagert wird, kann ebenfalls einen Einfluss auf seinen Geschmack haben. Temperatur, Luftfeuchtigkeit und Luftzirkulation können die Reifung und Entwicklung des Destillats beeinflussen. Ideale Lagerbedingungen, wie konstante Temperaturen und eine moderate Luftfeuchtigkeit, fördern eine gleichmäßige Reifung und ermöglichen eine optimale Geschmacksentwicklung.

- **Fassbehandlung und Vorbehandlung:** Vor der Lagerung können Fässer behandelt oder vorbehandelt werden, um bestimmte Geschmacksnoten zu betonen oder zu mildern. Dies kann die Einbrennung des Fasses, die Anwendung von Charring- oder Toasting-Verfahren oder die Vorbehandlung mit speziellen Lösungen umfassen. Diese Techniken beeinflussen die Interaktion zwischen Destillat und Holz und können den endgültigen Geschmack des Produkts maßgeblich beeinflussen.

Definition: Charring und Toasting
Charring und Toasting sind zwei Prozesse, die bei der Herstellung von Fässern für die Lagerung von Schnäpsen verwendet werden. Diese Prozesse beeinflussen die Geschmacksentwicklung des Schnapses während der Reifung.

Charring: Beim Charring wird die Innenseite eines Fasses durch kontrolliertes Verbrennen mit Feuer schwarz verkohlt. Dieser Prozess verleiht dem Fass eine ausgeprägte Kohlenstoffschicht. Die Intensität des Charrings kann variieren, von leicht verkohlt bis stark verkohlt, je nach den Anforderungen des Brennmeisters und des gewünschten Geschmacksprofils des Schnapses. Durch das Charring werden Aromen und Verbindungen aus dem Holz freigesetzt, die während der Reifung in den Schnaps eindringen und ihm komplexe Geschmacksnoten verleihen.

Toasting: Beim Toasting wird die Innenseite des Fasses durch langsames Erhitzen des Holzes ohne offene Flamme geröstet. Dieser Prozess bewirkt eine karamellisierende Reaktion im Holz. Die Intensität des Toastings kann ebenfalls variieren, von leichtem Toasting bis starkem Toasting, und beeinflusst die Geschmacksentwicklung des Schnapses. Durch das Toasting werden verschiedene Aromen und Verbindungen im Holz aktiviert, die dem Schnaps subtile Nuancen von Vanille, Karamell, Gewürzen und anderen Aromen verleihen.

Sensorik schulen

VERKOSTUNGSTECHNIKEN

Die Schnapsverkostung ist ein Bereich der Schnapsbrennerei, der von Liebhabern und Experten gleichermaßen genossen wird. Ob Sie ein erfahrener Kenner oder ein neugieriger Anfänger sind, die Teilnahme an einer Schnapsverkostung bietet eine schöne Möglichkeit, die Vielfalt und Qualität verschiedener Spirituosen zu entdecken und sich vielleicht auch Ideen für die eigenen Schnapskreationen zu holen. Während einer Verkostung können Sie eine breite Palette von Aromen, Geschmacksrichtungen und Nuancen erleben und Ihre Sinne schärfen.

In der Regel können an Schnapsverkostungen alle teilnehmen, die ein Interesse an hochwertigen Spirituosen haben. Es ist keine spezielle Vorbildung erforderlich, sondern lediglich die Offenheit, neue Geschmacksrichtungen zu entdecken und Ihr sensorisches Empfinden zu erweitern. Bei der Verkostung ist es wichtig, die verschiedenen Nuancen und Aromen bewusst wahrzunehmen und Ihre Eindrücke zu reflektieren.

Während einer Schnapsverkostung gibt es einige wichtige Dinge zu beachten. Dazu gehört die Vorbereitung Ihrer Sinne, indem Sie sicherstellen, dass Sie frei von starken Gerüchen und Geschmacksrichtungen sind.

Tipp: Der Geschmackssinn lässt sich am besten mit einem Brot neutralisieren. Um den Geruchssinn zu neutralisieren, sollten Sie an Kaffee riechen.

Auch sollten Sie ein Verständnis von den richtigen Verkostungstechniken, wie das Riechen, Schmecken und Beurteilen von Spirituosen, haben. Es ist auch wichtig, die angebotenen Spirituosen in Maßen zu genießen und sich Zeit zu nehmen, um jeden Schnaps vollständig zu erkunden und zu schätzen. Durch das Teilen Ihrer Eindrücke und Gedanken mit anderen Teilnehmern können Sie außerdem Ihre Erfahrungen bereichern und von ihren Perspektiven profitieren.

Eine Verkostung teilt sich in drei wesentliche Teile:

- die Vorbereitung,
- den Aufbau,
- das Verkosten.

Die Vorbereitung

Es ist essentiell, die Sensorik (Mund und Nase) auf eine Verkostung vorzubereiten. Sind diese beispielsweise durch eine Erkältung beeinträchtigt, ist eine zielführende Verkostung nicht möglich. Auch sollten mindestens eine Stunde vor der Verkostung keine aromatischen, den Mundraum belegenden Speisen oder Getränke zu sich genommen werden. Dazu gehören beispielsweise Kaffee, salzige oder scharfe Speisen, aber auch das Rauchen. Mit einem leeren Magen sollte genauso wenig verkostet werden wie nach einer großen Mahlzeit.

Die Verkostung selbst sollte in einem möglichst neutralen Raum stattfinden, hell und gut belüftet. Räume, die durch starke Gerüche beeinträchtigt werden, eignen sich weniger für eine Verkostung.

Der Aufbau

Spirituosen lassen sich am besten aus den besonders geformten Nosing-Gläsern durchführen. Durch eine kleine, tulpenähnliche Form transportieren sie die Aromen der Schnäpse deutlich und unverfälscht. Ein kleines Weißwein- oder Sherryglas eignet sich aber ebenfalls für eine Schnapsverkostung.

Obligatorisch können die folgenden Dinge bereitgestellt werden:

- **Ein Behältnis zum Ausspucken:** Nicht alle möchten der berauschenden Wirkung der Spirituosen erliegen, vor allem nicht, wenn tagsüber verkostet wird. Daher sollte ein Behälter bereitgestellt werden, in welchen die Spirituosen gespuckt werden können.
- **Wasser:** dient zum Neutralisieren des Mundes zwischen den einzelnen Proben.
- **Neutrales Brot:** Einige Substanzen und Aromen können durch Wasser alleine nicht neutralisiert werden, daher kann alternativ Weizenbaguette oder Ciabatta verwendet werden, um ebenfalls den Mundraum zu neutralisieren.
- **Kaffeebohnen:** Um auch den Geruchssinn zu neutralisieren, kann zwischen den Proben an Kaffeebohnen geschnuppert werden. So wird der Eindruck der letzten Probe neutralisiert und Sie können sich unvoreingenommen dem nächsten Schnaps widmen.
- **Zettel und Stift:** Um seine Eindrücke zu dokumentieren, kann Schreibmaterial bereitgestellt werden.

Die Verkostung

Ist alles für die Verkostung vorbereitet und aufgebaut, kann das eigentliche Verkosten losgehen. Insgesamt sind vier Faktoren für das Tasting wichtig und sollten bewertet werden:

Aussehen

Die Textur sollte ebenfalls bewertet werden. Ist der Schnaps eher wässrig oder ölig? Ein weiteres Bewertungsmerkmal sollten die sogenannten Tränen an der Innenwand des Glases bei leichtem Schwenken sein. Ein sauberes Destillat weist gleichmäßig verlaufende Tränen auf. Wie bewerten Sie zudem die Farbe? Gibt es Trübungen? All diese Faktoren tragen zur Bewertung des Aussehens bei. Dabei sind viele Faktoren subjektiv. Den einen spricht eine dunklere Farbe mehr an als den anderen.

Geruch

Der Geruch kann teilweise etwas überwältigend sein und vor allem der Laie ist mit der Bewertung des Geruchs überfordert. Sie sollten sich zunächst überlegen, ob der Schnaps generell für Sie angenehm riecht. Dann könnten Sie versuchen, grobe Richtungen zuzuordnen. Riecht die Probe süßlich, frisch, blumig oder vielleicht sogar nach Alkohol? Anschließend können Sie Ihren Assoziationen freien Lauf lassen. Haben Sie die grobe Richtung erst einmal festgelegt, können Sie sich überlegen, was sich hinter dem Geruch verbirgt. Welche Pflanzen, Früchte oder Kräuter verbinden Sie mit dem Geruch? Oder stechen vielleicht besondere Noten heraus? All das kann zur Bewertung des Geruchs eines Schnapses beitragen.

Geschmack

Wird die Probe letztendlich mit dem Mund verkostet, können zwei verschiedene Komponenten wahrgenommen werden, welche auch bewertet werden sollten. Zum einen ist dies natürlich der Geschmack, welcher mit der Zunge wahrgenommen wird. Schmeckt der Schnaps süß, sauer, herzhaft und passt er zum Geruch? Außerdem kann mit dem gesamten Mundraum die Textur wahrgenommen werden. Wie fühlt sich also der Schnaps im Mund an? Ist er cremig, dünn, wässrig, vielleicht sogar beißend oder stechend? All diese Faktoren tragen zur Bewertung des eigentlichen Geschmacks bei.

Abgang

Als Abgang wird bezeichnet, wie eine Spirituose nach dem Schlucken im Mundraum nachwirkt. Vor allem die Rachenschleimhaut reagiert generell sehr sensibel auf einige Substanzen. Daher kann ein Schnaps im Abgang als angenehm süß oder frisch, aber auch beispielsweise als scharf empfunden werden. Sie sollten sich auch fragen, ob der Abgang kurz oder lange weilt, und für sich ihre Vorliebe herausfinden.

Tipps zur Verkostung

Möchten Sie den Geruch bewerten, sollten Sie das Glas schief halten. So wird nicht nur die Oberfläche der Flüssigkeit vergrößert, sondern es können manchmal durch das Riechen am oberen und unteren Glasrand unterschiedliche Aromen wahrgenommen werden.

Die Spirituosen sollten leicht gekühlt in das Glas eingeschenkt werden. Diese nehmen dann schnell die Raumtemperatur an. Dabei ist es interessant, zu beobachten, wie sich der Schnaps mit zunehmender Temperatur geschmacklich verändert.

Da sich eine Spirituose auch mit zunehmendem Sauerstoffkontakt verändert, sollten Sie einer Probe mindestens 5 bis 10 Minuten Zeit geben. Riechen und probieren Sie dabei immer wieder an dem Schnaps und beobachten Sie, wie er sich verändert.

Trübung bei einem Schnaps ist nicht unbedingt etwas Schlechtes. Leichte Schwebstoffe entstehen, wenn der Schnaps nach der Fassreifung nicht filtriert wurde.

Die Zunge kann lediglich Geschmacksrichtungen wie süß, sauer, bitter, salzig und umami wahrnehmen. Komplexere Geschmäcker entstehen in Kombination mit dem Geruch und den Assoziationen des Testers.

Machen Sie sich bei einer Verkostung Notizen, Sie werden sich ohne diese niemals alle Informationen in Erinnerung rufen können. Nutzen Sie dazu gerne die folgende Tabelle, um sich Stichpunkte zu machen.

Schnaps:		
Kategorie	**Beschreibung**	**Notiz**
Aussehen	Farbe	
	Klarheit	
	Viskosität	
Geruch	Aroma	
	Intensität	
	Nuancen	
Geschmack	Süße	
	Säure	
	Bitterkeit	
	Fruchtigkeit	
Textur	Mundgefühl	
	Körper	
	Öligkeit	
Abgang	Länge	
	Intensität	
	Aromen	
Gesamteindruck	Balance	
	Komplexität	
	persönliche Präferenz	
Sonstiges		

Aromen und Geschmacksprofile erkennen

Selbst für erfahrene Spirituosenkenner kann das Erkennen und Beschreiben von Aromen und Geschmacksprofilen eine interessante, aber auch anspruchsvolle Aufgabe sein. Die Welt der Spirituosen ist reich an vielfältigen Nuancen und komplexen Aromen, die von den verwendeten Zutaten, dem Herstellungsprozess und der Reifung beeinflusst werden. In diesem Kontext spielt die sensorische Wahrnehmung eine entscheidende Rolle, denn sie ermöglicht es, die subtilen Unterschiede zwischen verschiedenen Spirituosen zu erkennen und zu schätzen. Von fruchtigen Noten über würzige Gewürze bis hin zu blumigen Nuancen – das Erkennen und Beschreiben von Aromen und Geschmacksprofilen ist ein Lernprozess, der Zeit, Übung und Hingabe erfordert. Im Folgenden werden Ihnen daher einige Geschmacksprofile vorgestellt, die die Vielfalt und Komplexität der Spirituosenwelt widerspiegeln.

Beispiele für typische Aromen, die in Schnapsarten vorkommen können, sind:

Obstbrand:

- **Apfel:** frisch, süß, leicht säuerlich
- **Birne:** saftig, süß, leicht floral
- **Kirsche:** intensiv, fruchtig, leicht herb
- **Pflaume:** reichhaltig, süß, würzig
- **Himbeere:** fruchtig, süß, leicht säuerlich

Traubenbrand (Weinbrand):

- **Wein:** fruchtig, süß, leicht säuerlich
- **Rosinen:** süß, würzig, karamellisiert
- **Vanille:** weich, cremig, leicht würzig
- **Nuss:** toastig, leicht bitter, cremig

Getreidebrand:

- **Roggen:** würzig, herb, leicht süßlich
- **Weizen:** mild, leicht süß, leicht würzig
- **Gerste:** malzig, leicht süß, nussig
- **Mais:** süß, cremig, leicht würzig

Kräuterlikör:

- **Anis:** süß, würzig, leicht lakritzartig
- **Fenchel:** frisch, würzig, leicht süßlich
- **Wermut:** bitter, aromatisch, leicht herb
- **Ingwer:** scharf, würzig, leicht süßlich

Würziger Schnaps:

- **Zimt:** wärmend, würzig, leicht süßlich
- **Nelke:** intensiv, würzig, leicht bitter
- **Kardamom:** exotisch, würzig, leicht süßlich
- **Muskat:** aromatisch, würzig, leicht süßlich

Likör:

- **Schokolade:** reichhaltig, cremig, süß
- **Kaffee:** intensiv, aromatisch, leicht bitter
- **Orange:** fruchtig, süß, leicht säuerlich
- **Sahne:** cremig, süß, leicht vanillig

Diese Aromen können je nach Herstellungsverfahren, Zutaten und Reifung variieren. Zudem gibt es auch komplexere Geschmacksprofile, z. B. bei Spirituosen, in denen verschiedene Zutaten vereint werden. Dazu finden Sie im Folgenden einige Beispiele:

Cognac:

- Fruchtig: Aromen von getrockneten Früchten wie Feigen, Datteln und Rosinen, die aus der Reifung im Eichenfass stammen
- Gewürze: Noten von Zimt, Nelken und Muskat, die durch die Reaktion des Eichenholzes mit dem Schnaps entstehen
- Holz: Nuancen von Vanille, Karamell und geröstetem Holz, die aus der Langzeitlagerung in Eichenfässern resultieren

Islay Whisky:

- Rauchig: intensive Aromen von Torfrauch, der während des Trocknungsprozesses der gemälzten Gerste entsteht und sich während der Destillation und Lagerung verstärkt
- Meeresbrise: salzige, maritime Noten, die durch die Nähe der Destillerien zur Meeresküste und den Einfluss des Meeres auf das Fass während der Reifung entstehen
- Medizinisch: Töne von Jod, Desinfektionsmitteln und Bandagen, die auf die Verwendung von stark getorfter Gerste und den Einfluss von phenolhaltigen Verbindungen während des Brauprozesses zurückzuführen sind

Gin:

- Wacholderbeeren: die Hauptaromatik in Gin, die dem Getränk seinen charakteristischen Geschmack verleiht und aus den Destillationsprozessen der Wacholderbeeren stammt
- Zitrusfrüchte: frische Aromen von Zitrone, Limette und Orange, die aus der Verwendung von Schalen dieser Früchte während der Destillation resultieren
- Kräuter und Gewürze: komplexe Noten von Koriander, Angelikawurzel, Zimt, Ingwer und anderen Gewürzen, die während der Mazeration und Destillation hinzugefügt werden, um Geschmack und Tiefe zu verleihen

Rum:

- Zuckerrohr: süße, tropische Aromen von Zuckerrohrsaft oder Melasse, die während des Gärungs- und Destillationsprozesses entstehen
- Früchte: Nuancen von Ananas, Banane, Kokosnuss und anderen tropischen Früchten, die aus der Lagerung in Eichenfässern sowie aus der Gärung und Destillation von Zuckerrohr stammen
- Gewürze: Aromen von Vanille, Nelken, Zimt und Muskat, die aus der Reifung in Eichenfässern sowie aus der Zugabe von Gewürzen während der Herstellung resultieren

Tequila:

- Agave: süße, erdige Aromen von Agaven, die während der Gärung und Destillation aus dem Saft der blauen Agavenpflanze gewonnen werden
- Früchte: Noten von Zitrusfrüchten wie Limette, Grapefruit und Zitrone, die aus der Mazeration und Destillation von Agaven stammen
- Gewürze: Töne von Pfeffer, Zimt und Vanille, die während der Reifung in Eichenfässern entstehen

Absinth:

- Anis: intensive Aromen von Anis, die aus der Mazeration und Destillation von Anis und anderen Kräutern gewonnen werden
- Wermut: bittere, aromatische Noten von Wermutkraut, die dem Getränk seinen charakteristischen Geschmack verleihen
- Kräuter: komplexe Aromen von Fenchel, Melisse, Minze und anderen Kräutern, die während des Herstellungsprozesses hinzugefügt werden

Aquavit:

- Kümmel: würzige, erdige Aromen von Kümmel, die während der Destillation von Getreide und der Mazeration von Kümmel entstehen
- Dill: frische, krautige Noten von Dill, die dem Getränk einen charakteristischen nordischen Geschmack verleihen
- Zitrus: leichte Zitrusaromen von Zitrone, Orange oder Grapefruit, die während der Mazeration von Schalen dieser Früchte hinzugefügt werden

Sambuca:

- Anis: süße, aromatische Aromen von Anis, die während der Destillation von Anis- und Fenchelsamen gewonnen werden
- Lakritze: Noten von Lakritz, die dem Getränk eine dunkle, würzige Komplexität verleihen
- Sternanis: intensive Aromen von Sternanis, die dem Getränk seinen charakteristischen Geschmack und sein Aroma verleihen

Grappa:

- Trauben: Aromen von frischen Trauben und Wein, die während des Destillationsprozesses aus Traubenmost gewonnen werden
- Blumig: Nuancen von Blüten und Kräutern, die während der Reifung in Edelstahltanks oder Holzfässern entstehen
- Holz: Noten von Vanille, Eiche und Gewürzen, die aus der Reifung in Holzfässern stammen

Raki:

- Anis: intensive Aromen von Anis, die während der Destillation von Weintrauben oder anderen Früchten gewonnen werden
- Kräuter: Töne von Minze, Oregano und anderen mediterranen Kräutern, die während der Mazeration hinzugefügt werden
- Früchte: fruchtige Noten von Weintrauben, Feigen oder Pflaumen, die aus dem Destillationsprozess resultieren

Ouzo:

- Anis: süße, würzige Aromen von Anis, die während der Destillation von Anissamen und anderen Kräutern entstehen
- Lakritze: Töne von Lakritz, die dem Getränk eine dunkle, erdige Komplexität verleihen
- Kräuter: Noten von Fenchel, Koriander und anderen mediterranen Kräutern, die während der Mazeration hinzugefügt werden

Grüner Chartreuse:

- Kräuter: komplexe Aromen von über 130 verschiedenen Kräutern und Pflanzen, die während der Destillation und Mazeration hinzugefügt werden
- Blumig: Nuancen von Blumen wie Veilchen, Lavendel und Kamille, die dem Getränk eine elegante, florale Note verleihen
- Gewürze: Töne von Zimt, Kardamom und Nelken, die dem Getränk Wärme und Tiefe verleihen

Diese komplexen Geschmacksprofile entstehen durch eine Vielzahl von Einflüssen, einschließlich der Wahl der Rohstoffe, des Herstellungsverfahrens, der Reifung und der verwendeten Zutaten. Sie bieten eine reiche Vielfalt an Aromen und Geschmacksnuancen, die von Kennern und Genießern geschätzt werden. Diese Beispiele zeigen, wie unterschiedlich Spirituosen durch die Auswahl der Zutaten, das Herstellungsverfahren und die Reifung sein können. Jede Spirituose hat ihre eigenen charakteristischen Merkmale und bietet eine tolle Genusserfahrung.

Expertentipp: Welche Schnäpse passen zu welchem Essen?

Gericht	Schnaps	Beschreibung
Fleischgerichte	Rum aus der Karibik oder Südamerika	Neben dem fettigen, würzigen Fleischgericht kann der Rum super bestehen. Der rauchige Charakter des Fleisches wird durch einen ausreichend lange gereiften Rum schön unterstrichen. Im Essen dürfen ebenfalls Zitrusnoten, Nüsse oder Ingwer enthalten sein, da auch so mancher Rum die gleichen Aromen enthält.
Fleischgerichte	Whisky (Bourbon, Rye)	Während bei der Auswahl von Rum auf gleiche Aromen gesetzt wird, sollte der Whisky mit dem Geschmack des Essens komplementieren. Daher kann ein süßer Whisky ein würziges Essen vervollständigen. Mit Whisky zum Essen kann nicht viel falsch gemacht werden, eine zu besondere Abfüllung sollte jedoch nicht gewählt werden.
Austern oder Fisch	Islay Whisky	Dieser Whisky ist nicht etwas für jedermann. Durch seinen rauchigen Geschmack eignet er sich aber wunderbar als Begleiter für Fisch und Meeresfrüchte.

Roastbeef, helles Fleisch oder Käse	Amontillado Sherry	Sherry ist im weitesten Sinne keine Spirituose, sondern ein aufgespritzter Likörwein. Sherry bietet eine breite Variation an Aromen, daher muss bei der Wahl des richtigen Sherrys gut abgewägt werden. Die süßeren Sherrysorten passen wunderbar zu einem Dessert.
Wild oder Fleisch in dunkler Sauce	Oloroso Sherry	
Fisch, Fleisch, vegetarisch	Cognac	Cognac als Weinbrand ist ein Alleskönner und sehr variabel einsetzbar. Er bietet einen tollen Ersatz für Rotwein.
Multitalent	Gin	Von fruchtigen und süßen Ginsorten zum Essen wird eher abgeraten. Greifen Sie lieber auf einen London Dry Gin oder auf ähnlich trockene Sorten zurück.
Salat, Eintopf, Suppe, Hausmannskost	z. B. Berliner Brandstifter	Dies ist ein Gin mit einem milderen Charakter.
Pasta, Antipasti oder mediterrane Gerichte	Gin Sul oder Gin Mare	Ein aromatisierter Gin mit Mittelmeerkräutern unterstreicht mediterrane Gerichte aus diesem Raum.

Qualitätsbewertung von Schnäpsen

Die Qualitätsbewertung von Schnäpsen erfordert nicht nur Erfahrung und Wissen, sondern auch eine geschulte sensorische Wahrnehmung. In einer Welt, in der die Vielfalt der Spirituosen ständig zunimmt, ist es für Liebhaber und Kenner gleichermaßen wichtig, die Qualität eines Schnapses zu erkennen und zu schätzen. Doch was macht einen Schnaps wirklich hochwertig? Ist es die Reinheit des Geschmacks, die Komplexität der Aromen oder die Raffinesse des Herstellungsprozesses? Von der sensorischen Analyse über die Bewertung von Aussehen und Geruch bis hin zur Berücksichtigung des Herstellungsverfahrens – die Qualitätsbewertung von Spirituosen erfolgt auf Basis all dieser Kriterien, die zusammengenommen ein umfassendes Bild der Hochwertigkeit eines Schnapses zeichnen.

Farbe

- **Intensität:** Die Intensität der Farbe kann Hinweise auf die Reife und den Alterungsprozess des Schnapses geben. Je intensiver die Farbe ist, desto länger wurde der Schnaps wahrscheinlich in Holzfässern gereift.
- **Nuancen:** Unterschiedliche Nuancen wie Bernstein, Gold oder Kupfer können auf verschiedene Fassarten oder Zusatzstoffe während des Reifungsprozesses hinweisen.
- **Klarheit:** Ein hochwertiger Schnaps sollte klar und frei von Trübungen sein, was auf eine sorgfältige Destillation und Filtration hinweist. Trübung ist aber nicht immer schlecht und kann auch bei besonderen Schnapsarten gewollt sein.

Klarheit

- **Transparenz:** Die Transparenz des Schnapses ist ein Maß für seine Reinheit und Qualität. Ein klarer und durchsichtiger Schnaps deutet auf eine ordnungsgemäße Destillation und Filtration hin.
- **Abwesenheit von Schwebstoffen:** Ein hochwertiger Schnaps sollte frei von Schwebstoffen oder Sedimenten sein, was auf eine gründliche Filtration und Reinigung hinweist.

Geschmack

- **Aromen:** Ein hochwertiger Schnaps sollte komplexe und ausgewogene Aromen aufweisen, die aus der Verwendung hochwertiger Zutaten und einem sorgfältigen Herstellungsprozess resultieren.
- **Balance:** Die Balance zwischen süßen, fruchtigen, würzigen und floralen Noten ist entscheidend für die Qualität eines Schnapses. Ein guter Schnaps sollte keine überwältigenden oder unangenehmen Geschmacksrichtungen aufweisen.
- **Nachgeschmack:** Ein angenehmer und langanhaltender Nachgeschmack, der sich sanft auf der Zunge entfaltet, ist ein Zeichen für einen hochwertigen Schnaps.
- **Schichtung von Aromen:** Ein hochwertiger Schnaps kann eine komplexe und nuancierte Schichtung von Aromen und Geschmacksrichtungen aufweisen, die sich im Verlauf des Verkostungserlebnisses entwickeln und entfalten.
- **Entwicklung im Glas:** Ein Schnaps, der sich im Glas weiterentwickelt und verändert, indem er neue Aromen freisetzt und seine Charakteristika offenbart, kann als besonders hochwertig angesehen werden.

Geruch

- **Intensität:** Die Intensität des Aromas beim Riechen des Schnapses kann auf seine Konzentration und Komplexität hinweisen.
- **Vielfalt der Aromen:** Ein hochwertiger Schnaps sollte eine breite Palette von Aromen bieten, die fruchtig, würzig, blumig oder holzig sein können.
- **Fehler oder Unreinheiten:** Ein unerwünschter Geruch, der auf Fehler im Destillationsprozess oder unerwünschte Verunreinigungen hinweisen kann, kann die Qualität eines Schnapses beeinträchtigen.

Textur

- **Körper:** Die Textur eines Schnapses kann von leicht und zart bis hin zu vollmundig und ölig reichen. Ein hochwertiger Schnaps sollte eine angenehme und ausgewogene Textur aufweisen, die zum Gesamterlebnis beiträgt.
- **Viskosität:** Die Viskosität oder Dicke des Schnapses kann Aufschluss über seinen Alkoholgehalt und seine Qualität geben. Ein zu dünnflüssiger Schnaps kann auf eine unzureichende Konzentration von Aromen und Geschmack hinweisen.

Bewertungssysteme

Die Prämierung von Schnäpsen ist ein bedeutender Aspekt innerhalb der Schnapsbranche und wird häufig im Rahmen von Wettbewerben, Verkostungen und Veranstaltungen durchgeführt. Diese Veranstaltungen dienen dazu, die Qualität und Exzellenz von Schnäpsen zu würdigen und den Herstellern eine Plattform zu bieten, um ihre Produkte einem breiten Publikum vorzustellen. Schnäpse werden in verschiedenen Kategorien wie Obstbrand, Tresterbrand, Kräuterschnaps oder Likör eingereicht und von einer Jury aus Experten und Fachleuten bewertet. Die Bewertung erfolgt anhand verschiedener Kriterien wie Geschmack, Aroma, Textur, Balance und Gesamteindruck. Die besten Schnäpse erhalten bei diesen Wettbewerben und Verkostungen Medaillen oder Auszeichnungen, die ihre Qualität und Leistung anerkennen. Eine Prämierung oder Auszeichnung bei einem renommierten Wettbewerb kann für einen Schnapsproduzenten von großer Bedeutung sein, da sie die Glaubwürdigkeit und Reputation des Unternehmens stärkt und dazu beiträgt, das Vertrauen der Verbraucher zu gewinnen. Insgesamt spielen Prämierungen eine entscheidende Rolle in der Schnapsbranche, indem sie die Qualität und Vielfalt von Schnäpsen würdigen und den Herstellern eine Möglichkeit bieten, sich zu präsentieren und ihre Produkte erfolgreich zu vermarkten.

In der Schnapsbranche gibt es verschiedene Bewertungssysteme, die verwendet werden, um die Qualität von Schnäpsen zu bewerten und zu klassifizieren. Im Folgenden finden Sie einige der bekanntesten Bewertungssysteme:

• **Punktebewertungssysteme:** Ähnlich wie bei Weinbewertungen werden Schnäpse oft auf einer Skala von beispielsweise 0 bis 100 Punkten bewertet, wobei höhere Punktzahlen eine höhere Qualität und Exzellenz signalisieren.

Beispiel:

Kategorie	**Punktebereich**
Aussehen	0–5
Geruch	0–20
Geschmack	0–40
Textur	0–10
Nachgeschmack	0–15
Gesamteindruck	0–10
Zusätzliche Punkte	Bonuspunkte für Besonderheiten

Die Gesamtpunktzahl eines Schnapses ergibt sich aus der Summe der Punkte, die in jeder Kategorie vergeben wurden. Je höher die Punktzahl, desto besser die Qualität des Schnapses. Oft werden auch Bonuspunkte für besondere Eigenschaften oder Merkmale vergeben, die den Schnaps besonders hervorheben.

• **Medaillenvergabe auf Wettbewerben:** Es gibt zahlreiche internationale Wettbewerbe und Verkostungen, bei denen Schnäpse von Experten verkostet und bewertet werden. Die besten Schnäpse erhalten dabei:

- Doppel-Gold (100–96 Punkte)
- Gold (95–90 Punkte)
- Silber (89–80 Punkte)
- Bronze (79–71 Punkte)

• **Qualitätszeichen und Zertifizierungen:** Einige Länder haben spezielle Qualitätszeichen oder Zertifizierungen für Schnäpse, die bestimmte Standards erfüllen müssen, um als hochwertig zu gelten. Beispiele hierfür ist die Prämierung als „Destillery of the year" oder das „Edelbrand des Jahres".

• **Verbraucherumfragen und -bewertungen:** Verbraucherumfragen und -bewertungen, sei es in Form von Online-Rezensionen, Ratings oder persönlichen Empfehlungen, können ebenfalls wichtige Hinweise darauf geben, wie ein Schnaps von den Verbrauchern wahrgenommen wird und was den Verbrauchern wichtig ist.

• **Experteneinschätzungen und Bewertungen:** Spirituosenexperten und -kritiker veröffentlichen oft Bewertungen und Rezensionen von Schnäpsen in Fachzeitschriften, Büchern oder Online-Plattformen, die als Leitfaden für Verbraucher dienen können.

Typische Fehler vermeiden

Beim Schnapsbrennen ist es wichtig, bestimmte Fehler zu vermeiden, um hochwertige und sichere Spirituosen herzustellen. Ein solider Start und die richtigen Verfahren können dazu beitragen, unerwünschte Ergebnisse zu minimieren und das Brennerlebnis zu verbessern. Hochwertiges Material bei der Schnapsherstellung ist ebenfalls ein wichtiger Faktor, der Anfängerfehler minimieren kann. Im folgenden Kapitel finden Sie einige wichtige Tipps und Hinweise, worauf Sie achten müssen, damit auch Ihr erstes Brennerlebnis zu einem Erfolg wird.

Häufige Anfängerfehler

Für die meisten Fehler bei der Spirituosenherstellung gibt es eine genaue Erklärung und Möglichkeiten zur Behebung dieser. Starten Sie aber gerade erst in der Schnapsherstellung, so ist es sinnvoll, sich mit häufigen Fehlern zu beschäftigen, um diese gleich zu Beginn zu vermeiden und so nicht die Lust am neuen Hobby zu verlieren. Im Folgenden aufgeführt finden Sie einige der häufigsten Fehler:

- unzureichende Reinigung
- fehlerhafte Zutatenauswahl
- unzureichende Temperaturkontrolle
- Überlastung
- Fehler bei der Verdünnung
- schlechte Lagerung
- fehlende Sicherheitsvorkehrungen

Wenn Sie diese häufigen Anfängerfehler vermeiden und sich gründlich mit dem Schnapsbrennprozess vertraut machen, können Sie die Qualität Ihrer selbstgebrannten Spirituosen deutlich verbessern. Im Folgenden finden Sie die oben aufgeführten Punkte genauer erläutert.

Neben diesen angeführten Punkten sind zwei weitere Aspekte für die Vermeidung typischer Anfängerfehler wichtig, die nachfolgend näher erläutert werden:

Übermäßige Rohstoffverwendung

Wenn zu viele Rohstoffe für die Herstellung von Schnaps verwendet werden, kann dies zu mehreren Problemen führen. Zum einen kann eine übermäßige Menge an Rohstoffen die Brennapparatur überlasten und zu ineffizienter Destillation führen. Das hat zur Folge, dass der Destillationsprozess länger dauert und das Endprodukt möglicherweise nicht die gewünschte Qualität erreicht. Darüber hinaus kann eine übermäßige Menge an Rohstoffen auch zu einer zu hohen Alkoholkonzentration im Destillat führen, was wiederum zu einem unangenehmen Geschmack oder einer unerwünschten Textur des Schnapses führen kann. Ein weiteres Problem ist die Verschwendung von Ressourcen, da nicht alle zusätzlichen Rohstoffe effektiv in das Endprodukt umgewandelt werden können. Insgesamt sind also ein ineffizienter Brennprozess und ein minderwertiges Endprodukt das Resultat, welches nicht den Erwartungen entspricht. Es ist daher wichtig, die richtige Menge an Rohstoffen für die Schnapsproduktion zu verwenden, um eine qualitativ hochwertige Spirituose herzustellen. Auch die richtige Menge an Hefe ist dementsprechend wichtig und kann beispielsweise mit dem Obstmaischerechner berechnet werden.

Mangelnde Kontrolle der Temperatur

Wenn die Temperatur während des Schnapsbrennens nicht angemessen kontrolliert wird, kann dies zu verschiedenen Problemen führen. Ist die Temperatur zu hoch, verdampft der Alkohol zu schnell, was eine ungleichmäßige Destillation und eine unerwünschte Verflüchtigung von Aromen zur Folge haben kann. Das Ergebnis ist ein Destillat, das nicht die gewünschten Geschmacks- und Aromaprofile aufweist. Darüber hinaus besteht bei zu hohen Temperaturen die Gefahr einer Überhitzung der Brennapparatur, was zu Schäden an der Ausrüstung führen kann.

Ist die Temperatur zu niedrig, kann dies zu einer unzureichenden Verdampfung des Alkohols führen, was den Destillationsprozess verlangsamt und zu einem geringeren Ausstoß an hochwertigem Alkohol führt. Durch eine zu niedrige Temperatur verbleiben Verunreinigungen und andere unerwünschte Stoffe im Destillat, was wiederum die Qualität des Endprodukts beeinträchtigt. Insgesamt ist eine präzise Temperaturkontrolle während des Schnapsbrennens von entscheidender Bedeutung, um eine gleichmäßige Destillation und die Erzielung des gewünschten Geschmacksprofils zu gewährleisten. Es ist entscheidend, die Temperatur sorgfältig zu überwachen und entsprechend anzupassen, um eine hochwertige Spirituose herzustellen.

Tipps zur Fehlerkorrektur

Stoßen Sie als Schnapsbrennanfänger auf einen Fehler im Brennprozess, können einige Schritte unternommen werden, um diesen zu korrigieren und das bestmögliche Ergebnis zu erzielen. Im Folgenden finden Sie einige Tipps zur Fehlerkorrektur für häufige Anfängerfehler:

- **Übermäßige Rohstoffverwendung:** Wenn zu viele Rohstoffe verwendet wurden, um die Maische herzustellen, kann das Destillat verdünnt werden, indem zusätzliches Wasser hinzugefügt wird. Dadurch wird die Alkoholkonzentration im Endprodukt reduziert und der Geschmack wird ausgeglichener.
- **Mangelnde Kontrolle der Temperatur:** Wenn die Temperatur während des Brennprozesses zu hoch oder zu niedrig war, kann dies zu einem unerwünschten Destillat führen. Das Destillat kann dann ein zweites Mal gebrannt werden. Eine bessere Temperaturkontrolle beim nächsten Brennvorgang kann helfen, eine gleichmäßige Destillation und die Gewinnung hochwertigerer Spirituosen zu erreichen.
- **Schlechte Reinigung der Brennapparatur:** Eine gründliche Reinigung der Brennapparatur ist wichtig, um Verunreinigungen und Rückstände zu entfernen, die den Geschmack des Destillats beeinträchtigen können. Wenn die Apparatur nicht ordnungsgemäß gereinigt wurde, sollte sie gründlich gespült und gereinigt werden, bevor der nächste Brennvorgang durchgeführt wird.
- **Fehlerhafte Gärung:** Wenn die Gärung nicht wie erwartet verlaufen und die Maische unvollständig vergoren ist, kann die Zugabe von zusätzlicher Hefe helfen, die Gärung zu aktivieren und abzuschließen.
- **Ungenügende Überwachung während des Destillationsprozesses:** Eine genaue Überwachung des Destillationsprozesses ist entscheidend. Wenn während des Brennvorgangs Fehler auftreten, kann eine Anpassung der Temperatur oder des Drucks erforderlich sein, um das gewünschte Ergebnis zu erzielen.
- **Falsche Lagerung des Destillats:** Wenn das Destillat nicht ordnungsgemäß gelagert wurde und unerwünschte Aromen entwickelt hat, kann es helfen, das Destillat in einem sauberen und luftdichten Behälter an einem kühlen und dunklen Ort zu lagern, um die Qualität zu erhalten.

Haben Sie bereits den ersten Schnaps gebrannt und sind nicht zufrieden mit dem Destillat? Riecht es vielleicht komisch oder hat es eine unerwünschte Farbe? So können Sie einmal in diesem Merkblatt für Brennfehler nachschauen, ob Sie die Ursache finden und diese mit entsprechenden Maßnahmen beheben können.

Sicherheitshinweise

GEFAHREN BEIM SCHNAPSBRENNEN

Beim Schnapsbrennen gibt es verschiedene potenzielle Gefahren, die beachtet werden müssen, insbesondere für Anfänger. Im Folgenden finden Sie eine Liste von Gefahrenquellen, die Ihnen als Schnapsbrenner bewusst sein sollten:

- Der Destillationsprozess beinhaltet den Einsatz von Feuer oder Hitzequellen, um Alkohol zu verdampfen. Dies birgt das Risiko von Bränden oder Explosionen, insbesondere, wenn die Brennapparatur nicht ordnungsgemäß gewartet oder betrieben wird. Entsprechende Sicherheitsvorkehrungen sind daher wichtig.
- Während des Brennvorgangs können giftige Dämpfe wie Methanol freigesetzt werden. Ein unsachgemäßer Umgang mit diesen Dämpfen kann zu Gesundheitsproblemen oder Vergiftungen führen. Es sollte in einem gut belüfteten Bereich gearbeitet und geeignete Schutzmaßnahmen sollten ergriffen werden.
- Der Kontakt mit heißem Destillat oder Dampf kann zu Verbrennungen oder Verätzungen führen, daher ist eine gute Schutzausrüstung mit hitzebeständigen Handschuhen zu tragen.
- Wenn während des Destillationsprozesses Druck aufgebaut wird, beispielsweise durch unsachgemäßes Abdichten der Apparatur, kann dies zu einer erhöhten Explosionsgefahr führen. Es ist wichtig, die Apparatur sorgfältig zu überwachen und sicherzustellen, dass sie ordnungsgemäß funktioniert.
- Eine unkontrollierte Destillation kann zu unerwünschten Ergebnissen führen, wie beispielsweise der Produktion von Fuselölen oder anderen unerwünschten Verbindungen, die das Destillat verunreinigen und gesundheitsschädlich sein können.
- Der übermäßige Konsum von selbstgebrannten Spirituosen kann zu gesundheitlichen Problemen führen, insbesondere, wenn sie Verunreinigungen oder unerwünschte Chemikalien enthalten.

Wenn Sie sich dieser potenziellen Gefahren bewusst sind und angemessene Vorsichtsmaßnahmen treffen, kann das Risiko minimiert und sicherer Schnaps gebrannt werden. Es ist essentiell, sich gründlich über die richtigen Techniken und Sicherheitsvorkehrungen zu informieren und bei Bedarf professionelle Hilfe oder Anleitung in Anspruch zu nehmen.

Gefahren durch brennbare Dämpfe

Die Risiken von brennbaren Dämpfen und Bränden beim Schnapsbrennen sind bedeutend und erfordern angemessene Vorsichtsmaßnahmen. Die Verwendung von offener Flamme oder elektrischer Hitze während des Destillationsprozesses birgt das Risiko von Feuer und Explosionen. Die Dämpfe von hochprozentigem Alkohol sind äußerst brennbar und können sich bei Kontakt mit einer Zündquelle entzünden. Dieses Risiko besteht besonders in schlecht belüfteten Räumen oder bei unsachgemäßem Umgang mit brennbaren Materialien. Während des Brennvorgangs können ebenfalls giftige Dämpfe wie Methanol freigesetzt werden. Methanol ist eine Substanz, die schwere Gesundheitsschäden hervorrufen oder sogar tödlich sein kann, wenn sie eingeatmet oder verschluckt wird. Eine unsachgemäße Handhabung oder unzureichende Belüftung kann zu einer erhöhten Exposition gegenüber diesen gefährlichen Dämpfen führen. Der Kontakt mit heißen Dämpfen während des Brennprozesses kann zu schlimmen Verbrennungen führen. Sie sollten entsprechende Schutzausrüstung, wie hitzebeständige Handschuhe, tragen, um Verbrennungen zu vermeiden. Bei unvollständiger Verbrennung oder Überhitzung können während des Brennprozesses Rauch und unangenehme Gerüche entstehen. Dies kann nicht nur zu Gesundheitsproblemen führen, sondern auch zu Beschädigungen der Brennapparatur oder der Umgebung.

Um diese Risiken zu minimieren, ist es wichtig, sicherheitsrelevante Vorschriften zu befolgen, eine angemessene Schulung zu erhalten, hochwertige Ausrüstung zu verwenden und einen sicheren Arbeitsplatz zu gewährleisten. Dies umfasst auch eine gründliche Planung und Vorbereitung, die regelmäßige Wartung der Brennapparatur sowie die Einhaltung aller geltenden Sicherheitsvorschriften und -richtlinien.

Umgang mit brennbaren Flüssigkeiten

Der Umgang mit brennbaren Flüssigkeiten wie Alkohol erfordert besondere Vorsicht, um Unfälle und Verletzungen zu vermeiden. Es ist essentiell, diese Substanzen an einem kühlen, gut belüfteten Ort aufzubewahren, der von Zündquellen wie offenen Flammen oder elektrischen Geräten entfernt ist. Bei der Handhabung sollten geeignete Schutzmaßnahmen, wie das Tragen von Schutzhandschuhen und Schutzbrillen, getroffen werden. Zudem sollte der Kontakt mit Zündquellen vermieden werden, um das Risiko von Bränden zu minimieren. Beim Transport von brennbaren Flüssigkeiten ist darauf zu achten, dass sie in geeigneten, verschlossenen Behältern transportiert werden, um ein Auslaufen und Beschädigungen zu verhindern. Während des Transports sollte besondere Vorsicht walten, um nichts zu verschütten und so das Risiko von Bränden zu reduzieren. Die ordnungsgemäße Entsorgung von brennbaren Flüssigkeiten ist ebenfalls wichtig, um Umweltverschmutzung und Gesundheitsrisiken zu vermeiden. Sie sollten dies gemäß den örtlichen Vorschriften und Gesetzen tun, die oft die Verwendung spezieller

Sammelstellen oder Recyclingzentren vorschreiben. Im Falle eines Brandes mit brennbaren Flüssigkeiten ist besondere Vorsicht geboten. Wasser sollte niemals zur Bekämpfung solcher Brände verwendet werden, da dies zu einer Ausbreitung des Feuers führen kann. Stattdessen sollten geeignete Brandlöscher wie Pulver- oder Schaumlöscher verwendet werden.

Sicherheitsvorkehrungen und Ausrüstung

Die richtige Sicherheitsausrüstung ist beim Schnapsbrennen unerlässlich, um Unfälle und Verletzungen zu vermeiden. Hier sind einige wichtige Elemente, die jeder Hobbybrenner haben sollte:

- Eine Schutzbrille schützt die Augen vor Spritzern von brennbaren Flüssigkeiten oder Dämpfen sowie vor anderen potenziellen Gefahren während des Brennvorgangs.
- Hitzebeständige Handschuhe sind wichtig, um Verbrennungen beim Umgang mit heißen Geräten oder Materialien zu vermeiden. Sie sollten aus einem Material wie Leder oder hitzebeständigem Gummi bestehen.
- Das Tragen von langärmliger Kleidung und langen Hosen kann vor schlimmeren Verbrennungen schützen, insbesondere, wenn heiße Flüssigkeiten verschüttet werden.
- Eine Atemschutzmaske kann vor dem Einatmen von Dämpfen schützen, die während des Brennvorgangs entstehen können. Sie sollten eine Maske verwenden, die für den Umgang mit chemischen Dämpfen geeignet ist.
- Ein Feuerlöscher sollte in der Nähe der Brennvorrichtung aufbewahrt werden, um im Falle eines Brandes schnell reagieren zu können. Der Feuerlöscher sollte für die Bekämpfung von Bränden mit brennbaren Flüssigkeiten geeignet sein.
- Eine Erste-Hilfe-Ausrüstung sollte immer griffbereit sein, um im Falle von Verletzungen sofortige Hilfe leisten zu können. Sie sollte Verbandsmaterial, Desinfektionsmittel und andere grundlegende Erste-Hilfe-Artikel enthalten.

Alle Mitglieder des Brennteams sollten über die ordnungsgemäße Verwendung der Sicherheitsausrüstung informiert sein. Darüber hinaus sollten alle Sicherheitsvorschriften und -richtlinien eingehalten werden, um ein sicheres Arbeitsumfeld zu gewährleisten.

Erste-Hilfe-Maßnahmen

Im Falle eines Unfalls oder einer Verletzung beim Schnapsbrennen ist es entscheidend, schnell und angemessen zu handeln, um weitere Schäden zu verhindern und dem Verletzten die bestmögliche Hilfe zu bieten. Im Folgenden finden Sie einige wichtige Erste-Hilfe-Maßnahmen, die in solchen Situationen ergriffen werden sollten:

- Stellen Sie sicher, dass die Umgebung sicher ist und keine weiteren Gefahren bestehen. Schalten Sie gegebenenfalls die Brennvorrichtung aus und entfernen Sie den Verletzten aus der Gefahrenzone.
- Überprüfen Sie die Verletzungen des Verletzten und bestimmen Sie den Schweregrad.

> **Tipp:** Wichtig ist in erster Linie, Folgendes abzuwägen: Ist die Situation ...
> ... lebensbedrohlich?
> ... ernst, aber nicht lebensbedrohlich?
> ... nicht ernst?

Rufen Sie gegebenenfalls sofort einen Rettungsdienst oder einen Arzt.

- Reinigen Sie verschmutzte Wunden vorsichtig mit Wasser und desinfizieren Sie diese. Bedecken Sie sie anschließend mit einem sterilen Verband oder einem sauberen Tuch, um eine Infektion zu verhindern. Drücken Sie bei stark blutenden Wunden fest auf die Wunde, um die Blutung zu stoppen.
- Bei Verbrennungen sollte man mit kaltem Wasser spülen, um die Hitze zu entfernen, und die verbrannte Stelle vorsichtig mit einem sterilen Verband bedecken. Vermeiden Sie das Auftragen von Salben oder Cremes auf schwere Verbrennungen.
- Wenn der Verletzte bewusstlos ist, legen Sie ihn in die stabile Seitenlage, um sicherzustellen, dass die Atemwege frei bleiben, und überprüfen Sie regelmäßig seine Atmung und seinen Puls.
- Bei Anzeichen von Schock, wie Blässe, kalter Schweiß, schneller Puls oder flache Atmung, legen Sie den Verletzten flach hin, heben seine Beine an und decken ihn mit einer Decke zu, um ihn warm zu halten.

Bonus: Der große Rezepte-Guide

Im folgenden Kapitel finden Sie eine Sammlung von Rezepten. Dort ist für jeden etwas dabei. Rezepte mit einem niedrigen Schwierigkeitsgrad finden Sie zu Beginn der Rezeptsammlung. Diese werden dann zunehmend komplexer. Finden Sie für sich die passenden Rezepte oder wandeln Sie sie ab, um Ihre ganz eigenen Kreationen zu entwickeln.

Hinweis: In allen Rezepten ist Hefe notwendig, um den Zucker der Maische in Alkohol umzuwandeln. Es kann sogenannte Turbohefe verwendet werden, welche besonders schnell arbeitet, es kann aber auch genauso normale Trockenhefe verwendet werden. Bitte beachten Sie hierzu die Informationen des Herstellers. Unterschiedliche Hefen werden in verschiedenen Konzentrationen benötigt und können evtl. auch Unterschiede in der optimalen Arbeitstemperatur aufweisen.

Tipp: Hat Ihre Destillationsapparatur keinen Anbrennschutz, sollten Sie die Maische immer abseihen, um die festen von den flüssigen Bestandteilen zu trennen. So verhindern Sie, dass während der Destillation feste Bestandteile anbrennen. Dazu benötigen Sie einen zweiten Behälter in entsprechender Größe und einen Filter.

Bitte beachten!
Die Mengenangaben können in den nachfolgenden Rezepten nicht exakt bestimmt werden. Das liegt darin begründet, dass es auf die Art der Hefe ankommt, die verwendet wird, ebenso auf die verwendete Alkoholmenge, die am Ende in der Maische verbleibt. Welche Brennapparatur benutzt wird, spielt ebenfalls eine Rolle.

Zur Unterstützung können Sie daher den folgenden Rechner nutzen:

Folgendes Rechenbeispiel als Anhaltspunkt:
100 Liter Maische geben in der Regel 25 Liter Raubrand mit einem Alkoholgehalt von 20 bis 30 % vol.

Solide Basisrezepte

Neutralalkohol aus Zuckermaische

Die Zuckermaischeherstellung ist mit die einfachste Form, eine schnelle Maische herzustellen. Vorteil ist, dass für die Herstellung nur wenige Zutaten benötigt werden.

Schwierigkeitsgrad: Anfänger

Zutaten:
6 kg Zucker
21 l Leitungswasser
200 g Turbohefe
optional Turboklar

Außerdem:

- 5-Liter-Topf
- Gärfass (30 l) mit Gärspund
- Thermometer
- Rührstab/Holzlöffel
- Alkoholmeter
- Destillationsapparatur
- optional ein Refraktometer
- Glasflaschen zum Abfüllen

Anleitung:

- Zur Vorbereitung sterilisieren Sie alle Utensilien, mit denen die Zuckermaische in Kontakt kommt, mit kochendem Wasser, um Verunreinigungen zu vermeiden. Dieser Schritt ist enorm wichtig für ein gutes Ergebnis.
- Bringen Sie in einem großen Topf 4 Liter Wasser zum Kochen.
- Die 6 kg Zucker (einfacher Raffinadezucker aus dem Supermarkt) werden nun langsam und unter ständigem Rühren in das köchelnde Wasser gegeben.
- Nun rühren Sie, bis der Zucker vollständig aufgelöst ist.
- Anschließend den Zuckersirup abkühlen lassen und das Gärfass vorbereiten.
- Es werden 17 Liter lauwarmes Wasser in das Gärfass gegeben. Denken Sie daran, auch dieses vor der Benutzung auszukochen.
- Nun wird der vorbereitete Zuckersirup hinzugegeben und alles kräftig umgerührt. Checken Sie die Temperatur, diese muss zwischen 20 °C und 25 °C liegen, bevor die Hefe hinzugefügt werden kann.
- Passt die Temperatur, kann die Hefe (200 g oder ein Beutel) hinzugefügt werden.
- Alles nochmals kräftig verrühren, das Gärfass verschließen und den Gärspund einführen.
- Die Maische sollte nun 24 bis 48 Stunden stehen, um einen Alkoholgehalt von 14 bis 20 % zu erhalten.

Tipp: Das Gärfass sollten Sie bei einer Temperatur von 20 bis 25 °C lagern, um ein optimales Ergebnis zu erhalten.

Ist die Maische fertig, haben Sie mehrere Optionen, diese weiterzuverwenden. Nach Beendigung des Gärprozesses ist die Maische trüb. Sie kann in diesem Zustand direkt destilliert werden, führt dann aber bei einmaliger Destillation zu einem süßlichen Geruch des Destillats. Lassen Sie die Maische ca. eine Woche stehen, setzen sich die Schwebeteilchen ab und die verbliebene klare Flüssigkeit kann destilliert werden. Um den Prozess zu beschleunigen, können Sie auch Turboklar verwenden, ein Klärungsmittel, welches ein beschleunigtes Absetzen der Schwebeteilchen zur Folge hat. Dann ist die Maische nach 24 Stunden klar und bereit für die Destillation.

Neutralalkohol aus Gerste

Schwierigkeitsgrad: Anfänger

Zutaten:
5 kg geschrotete Gerste
20 l Wasser
250 g Hefe

Außerdem:
- 25-Liter-Topf
- Gärfass (30 l) mit Gärspund
- Thermometer
- Rührstab/Holzlöffel
- Alkoholmeter
- Destillationsapparatur
- optional ein Refraktometer
- Glasflaschen zum Abfüllen

Anleitung:
- Die geschrotete Gerste in einem großen Topf oder Behälter mit 20 Litern Wasser vermengen, um eine Maische herzustellen.
- Die Maische auf eine Temperatur von etwa 65 bis 70 °C erhitzen und für etwa 1 bis 2 Stunden die Temperatur halten. Dadurch werden Enzyme aktiviert, die die Stärke in Zucker umwandeln.
- Anschließend die Maische auf Raumtemperatur abkühlen lassen. Sie sollte optimalerweise eine Temperatur von 20 bis 25 °C haben.
- Die Hefe zur Maische geben und gut vermischen, um die Gärung zu starten. Je nachdem, welche Hefe Sie verwenden, sollten Sie auf die Mengenangaben des Herstellers achten.
- Die Maische in einem luftdicht verschlossenen Behälter für etwa 5 bis 7 Tage gären lassen. Dabei wird der Zucker in Alkohol umgewandelt. Den Gärspund einführen, damit das Kohlenstoffdioxid entweichen kann.
- Ist die Gärung abgeschlossen, geben Sie die Maische in einen Brennkessel und starten den Destillationsprozess, um den Alkohol zu extrahieren.
- Den destillierten Alkohol erneut destillieren, um einen höheren Reinheitsgrad zu erzielen und Neutralalkohol zu erhalten.

Neutralalkohol aus Zuckerrüben
Schwierigkeitsgrad: Anfänger

Zutaten:
10 kg Zuckerrüben
20 l Wasser
500 g Hefe

Außerdem:
- 25-Liter-Topf
- Gärfass (30 l) mit Gärspund
- scharfes Messer
- Schneidebrettchen
- Thermometer
- Rührstab/Holzlöffel
- Alkoholmeter
- Destillationsapparatur
- optional ein Refraktometer
- Glasflaschen zum Abfüllen

Anleitung:
- Die Zuckerrüben schälen und in kleine Stücke schneiden.
- Die zerkleinerten Zuckerrüben in einem großen Topf oder Behälter mit 20 Litern Wasser vermengen, um eine Maische herzustellen.
- Die Maische auf eine Temperatur von etwa 65 bis 70 °C erhitzen und für etwa 1 bis 2 Stunden die Temperatur halten. Dadurch wird der Zucker aus den Zuckerrüben extrahiert.
- Anschließend die Maische auf Raumtemperatur abkühlen lassen. Sie sollte optimalerweise eine Temperatur von 20 bis 25 °C haben.
- Die Hefe zur Maische geben und gut vermischen, um die Gärung zu starten.
- Die Maische in dem Gärfass für etwa 5 bis 7 Tage gären lassen. Dabei wird der Zucker in Alkohol umgewandelt. Den Gärspund einführen, damit das Kohlenstoffdioxid entweichen kann.
- Ist die Gärung abgeschlossen, geben Sie die Maische in einen Brennkessel und starten den Destillationsprozess, um den Alkohol zu extrahieren.
- Den destillierten Alkohol erneut destillieren, um einen höheren Reinheitsgrad zu erzielen und Neutralalkohol zu erhalten.

Neutralalkohol aus Kartoffeln
Schwierigkeitsgrad: Anfänger

Zutaten:
10 kg Kartoffeln
20 l Wasser
500 g Hefe

Außerdem:
- 25-Liter-Topf
- Gärfass (30 l) mit Gärspund
- Scharfes Messer
- Schneidebrettchen
- Kartoffelschäler
- Thermometer
- Rührstab/Holzlöffel
- Alkoholmeter
- Destillationsapparatur
- optional ein Refraktometer
- Glasflaschen zum Abfüllen

Anleitung:
- Die Kartoffeln gründlich waschen und schälen.
- Die geschälten Kartoffeln in kleine Stücke schneiden und in einem großen Topf mit 20 Litern Wasser vermengen, um eine Maische herzustellen.
- Die Maische auf eine Temperatur von etwa 65 bis 70 °C erhitzen und die Temperatur für etwa 1 bis 2 Stunden halten. Dadurch wird die Stärke in den Kartoffeln freigesetzt.
- Anschließend die Maische auf Raumtemperatur abkühlen lassen. Sie sollte optimalerweise eine Temperatur von 20 bis 25 °C haben.
- Die Hefe zur Maische geben und gut vermischen, um die Gärung zu starten.
- Die Maische in einem Gärfass für etwa 5 bis 7 Tage gären lassen. Dabei wird die Stärke in Alkohol umgewandelt.
- Ist die Gärung abgeschlossen, geben Sie die Maische in einen Brennkessel und starten den Destillationsprozess, um den Alkohol zu extrahieren.
- Den destillierten Alkohol erneut destillieren, um einen höheren Reinheitsgrad zu erzielen und Neutralalkohol zu erhalten.

Korn

Schwierigkeitsgrad: Anfänger

Zutaten:
5 kg Getreide (Weizen oder Roggen)
15 l Wasser
10 g Hefe (Trockenhefe oder frische Hefe)
2 kg Malz (optional)

Außerdem:

- 25-Liter-Topf
- Gärfass (30 l) mit Gärspund
- Thermometer
- Rührstab/Holzlöffel
- Alkoholmeter
- Destillationsapparatur
- optional ein Refraktometer
- Glasflaschen zum Abfüllen
- Filter zum Abseihen

Anleitung:

- Das Getreide gründlich waschen, um Schmutz und Verunreinigungen zu entfernen. Anschließend in einem großen Topf oder einer Maischewanne mit 15 Litern Wasser vermischen und erhitzen, bis es fast kocht. Optional: Wenn Malz verwendet wird, dieses bei einer Temperatur von 65 bis 70 °C hinzufügen und das Gemisch für etwa 1 bis 2 Stunden köcheln lassen. Durch das Malz wird die Stärke effizienter in Zucker umgewandelt, was den Gärungsprozess verbessert und dem Schnaps ein komplexeres Aroma verleiht.
- Die Temperatur auf etwa 65 bis 70 °C halten und das Getreide für etwa 1 bis 2 Stunden köcheln lassen, um die Stärke aus dem Getreide zu lösen.
- Nach dem Maischen das Getreide abseihen (feste Bestandteile von den flüssigen trennen) und die Flüssigkeit auffangen.
- Die Maische auf Raumtemperatur abkühlen lassen und dann die Hefe hinzufügen, um die Gärung zu starten. Optimal ist eine Temperatur von 20 bis 25 °C. Gut umrühren, um sicherzustellen, dass die Hefe gleichmäßig verteilt ist. Die Maische in einem sauberen, luftdichten Behälter, wie beispielsweise einem Gärfass, für etwa 7 bis 10 Tage gären lassen. Während dieser Zeit wandelt die Hefe den Zucker in Alkohol um. Nach der Gärung die Maische in einem Brennkessel oder einer Destillationsapparatur destillieren, um den Alkohol zu extrahieren und einen klaren Schnaps zu erhalten.
- Den Schnaps abkühlen lassen und in Flaschen abfüllen. Der Korn ist jetzt trinkfertig.

EINSTEIGERREZEPTE

Grundrezept für Obstbrände

Schwierigkeitsgrad: Anfänger

Vorbereitung des Obstes:

- Beeren zerdrücken
- Kernobst in Scheiben schneiden und Kerngehäuse entfernen
- Steinobst zerdrücken (Kerne nicht beschädigen, giftig!)
- Trockenobst klein schneiden und in lauwarmem Wasser zwei Stunden einlegen

Zutaten:
25–28 kg Obst
Pektinase
(Biogen)
Mostmilchsäure
Turbohefe

Hinweis: Pektinase und andere Enzyme oder Mostmilchsäure können online auf entsprechenden Plattformen für Schnapsbrennereien erworben werden. Sollten Sie die Substanzen auf anderen Webseiten kaufen, stellen Sie sicher, dass sich diese zur Lebensmittelherstellung eignen.

Außerdem:

- 5-Liter-Topf
- Gärfass (30 l) mit Gärspund
- scharfes Messer
- Schneidebrettchen
- optional Obstschäler
- Thermometer
- Rührstab/Holzlöffel
- Alkoholmeter
- Destillationsapparatur
- optional ein Refraktometer
- Glasflaschen zum Abfüllen
- optional ein Filter zum Abseihen

Anleitung:

- Das Obst wird je nach Art wie oben beschrieben ordentlich gewaschen, zerkleinert und in das Gärfass gegeben.
- Nun wird Wasser hinzugefügt, welches nicht mehr als 1/3 des Fruchtbreis sein sollte.
- Um die Zellwände der Früchte aufzubrechen, wird Pektinase hinzugefügt. Achten Sie bei der Benutzung auf die Mengenangabe des Herstellers. Die Pektinase gut unterrühren. Optional können weiterer Enzymmischungen hinzugegeben werden (beispielsweise Biogen).
- Die Obstmaische sollte zudem angesäuert werden, um das Wachstum von unerwünschten Bakterien und Hefestämmen, die sich natürlicherweise auf den Früchten befinden, zu unterbinden. Optimal ist ein pH-Wert von 3,5. Verwenden Sie dazu die Mostmilchsäure.
- Die Pektinase sollte für zwei Stunden einwirken. Rühren Sie dabei die Maische immer wieder um.
- Hat die Maische eine Temperatur von 20 bis 25 °C, kann die Turbohefe hinzugefügt werden. Alles erneut gut verrühren.
- Anschließend wird das Gärfass verschlossen und der Gärspund wird eingeführt. Die Gärung läuft optimal bei einer Temperatur von 17 bis 20 °C, kann aber variieren, je nachdem, von welchem Hersteller Sie die Hefe verwenden. Lesen Sie daher immer noch einmal auf der Packung nach.
- Alle 2 bis 3 Tage sollte der Gärkuchen nach unten gedrückt und gut mit dem Saft vermischt werden. Nach 2 bis 4 Wochen ist die Gärung abgeschlossen.
- Nun ist die Maische bereit zum Brennen.

Hinweis: Verfügt Ihre Brennapparatur über keinen Anbrennschutz und Sie haben keine Möglichkeit, mithilfe eines Wasserbads zu erhitzen, sollte die Maische gefiltert werden, um die festen Bestandteile von den flüssigen Bestandteilen zu trennen. Ein Anbrennen der Obstreste bringt ungenießbare Aromen in das Destillat.

Tipp: Pektinase hat eine optimale Temperatur zwischen 15 °C und 50 °C. Arbeiten Sie mit einer niedrig temperierten Maische, sollten Sie die Dosierung um 50 bis 100 % erhöhen, um ein optimales Ergebnis zu erhalten.

Hochprozentige Obstmaische

Durch Zuckerbeigabe können Sie den Alkoholgehalt der Obstmaische und damit den Alkoholgehalt des fertigen Destillats erhöhen. Errechnen Sie dazu mit dem Obstmaischerechner, wie viel Zucker Sie für Ihren Ansatz benötigen. Dabei sollte der Zucker in drei Portionen der Maische hinzugefügt werden. Ein Drittel fügen Sie beim Ansetzen der Maische von Beginn an hinzu, die anderen beiden Teile werden im Abstand von 4 bis 5 Tagen hinzugefügt. So erhalten Sie ein optimales Gärergebnis.

> **Hinweis:** Hefe kann nur in Wasser gelösten Zucker vergären. Achten Sie daher darauf, dass der Zucker vollständig aufgelöst ist.

Quittenbrand

Schwierigkeitsgrad: Anfänger

Zutaten:
Quitten
Zucker
Wasser
Turbohefe

Außerdem:
- 5-Liter-Topf
- Gärfass (30 l) mit Gärspund
- scharfes Messer
- Schneidebrettchen
- Thermometer
- Rührstab/Holzlöffel
- Alkoholmeter
- Destillationsapparatur
- optional ein Refraktometer
- Glasflaschen zum Abfüllen
- optional ein Filter zum Abseihen
- optional ausreichend Platz in der Gefriertruhe

Anleitung:

- Die Quitten werden in kleine Stücke geschnitten und alle Kerne werden entfernt, da diese Blausäure enthalten und somit einen ungewollten Geschmack in den Schnaps einbringen würden.
- Die zerkleinerten Früchte werden in ein Gärfass gegeben und lauwarmes Wasser (20 bis 25 °C) im Verhältnis 1:1 wird hinzugefügt.
- Nun wird die gleiche Menge an Wasser, die sich bereits im Gärfass befindet, in einem Topf erhitzt. Geben Sie pro Liter 600 bis 700 g Zucker hinzu und lösen Sie diesen auf.
- Den Zuckersirup nun abkühlen lassen und dem Gärfass hinzufügen. Alles gut verrühren! Wichtig: Das Gärfass nie mehr als zu 80 % befüllen.
- Nun wird die Hefe hinzugefügt. Verwenden Sie die angegebene Menge pro Liter. In der Regel sollten das zwischen 2 und 4 g pro Liter sein.
- Anschließend wird das Gärfass verschlossen und der Gärspund wird eingeführt. Die Gärung läuft optimal bei einer Temperatur von 20 bis 25 °C.
- Nach 48 Stunden sollte ein Alkoholgehalt von 20 % erreicht sein. Nun kann die Maische abgeseiht und die verbliebene Flüssigkeit gebrannt werden.

Tipp: Wegen ihrer recht festen Konsistenz können die Quitten für eine Woche eingefroren, aufgetaut und dann verarbeitet werden. Durch diesen Prozess lassen sich die Quitten ganz einfach mit einem Messer bearbeiten. Von der braunen Farbe sollten Sie sich nicht abschrecken lassen. Das Fruchtfleisch ist dennoch schön saftig und kann wunderbar verarbeitet werden.

Apfelbrand

Schwierigkeitsgrad: Fortgeschrittene

Zutaten:

10 kg Äpfel (idealerweise saure Sorten wie Boskoop oder Granny Smith)
5 l Wasser
500 g Zucker
Hefe

Außerdem:

- 5-Liter-Topf
- Gärfass (30 l) mit Gärspund
- scharfes Messer
- Schneidebrettchen
- Thermometer
- Rührstab/Holzlöffel
- Alkoholmeter
- Destillationsapparatur
- optional ein Refraktometer
- Glasflaschen zum Abfüllen
- optional ein Filter zum Abseihen

Anleitung:

- Die Äpfel waschen, entkernen und grob zerkleinern.
- Die zerkleinerten Äpfel in einen großen Topf geben und mit Wasser bedecken.
- Den Zucker hinzufügen und alles gut vermengen.
- Die Mischung aufkochen und dann bei niedriger Hitze etwa 30 Minuten lang köcheln lassen, bis die Äpfel weich sind.
- Die Mischung abkühlen lassen und dann die Hefe hinzufügen. Optimal ist Raumtemperatur (20 bis 25 °C).
- Die Maische in einen luftdicht verschlossenen Behälter oder ein Gärfass geben, Gärspund einführen und für etwa eine Woche gären lassen.
- Nach der Gärung die Maische in einem Brennkessel destillieren, um den Apfelbrand zu gewinnen.

Birnenbrand

Schwierigkeitsgrad: Fortgeschrittene

Zutaten:
10 kg Birnen (idealerweise reife Williams-Christ-Birnen)
5 l Wasser
500 g Zucker
Hefe

Außerdem:
- 5-Liter-Topf
- Gärfass (30 l) mit Gärspund
- scharfes Messer
- Schneidebrettchen
- Thermometer
- Rührstab/Holzlöffel
- Alkoholmeter
- Destillationsapparatur
- optional ein Refraktometer
- Glasflaschen zum Abfüllen
- optional ein Filter zum Abseihen

Anleitung:
- Die Birnen waschen, schälen, entkernen und grob zerkleinern.
- Die zerkleinerten Birnen in einen großen Topf geben und mit Wasser bedecken.
- Den Zucker hinzufügen und alles gut vermengen.
- Die Mischung aufkochen und dann bei niedriger Hitze etwa 30 Minuten lang köcheln lassen, bis die Birnen weich sind.
- Die Mischung abkühlen lassen und dann die Hefe hinzufügen, um die Gärung zu starten. Achten Sie dabei auf die Mengenangaben des Herstellers.
- Die Maische in einen luftdicht verschlossenen Behälter oder ein Gärfass geben, Gärspund einführen und für etwa eine Woche gären lassen.
- Nach der Gärung die Maische abseihen und in einem Brennkessel destillieren, um den Birnenbrand zu gewinnen.

Brombeerbrand

Schwierigkeitsgrad: Fortgeschrittene

Zutaten:
2 kg frische Brombeeren
1 kg Zucker
Wasser
Hefe

Außerdem:
- 5-Liter-Topf
- Gärfass (30 l) mit Gärspund
- Thermometer
- Rührstab/Holzlöffel
- Alkoholmeter
- Destillationsapparatur
- optional ein Refraktometer
- Glasflaschen zum Abfüllen
- optional ein Filter zum Abseihen

Anleitung:
- Die Brombeeren gründlich waschen und in einen großen Topf geben.
- Den Zucker hinzufügen und die Brombeeren leicht zerdrücken, um den Saft freizusetzen.
- Wasser hinzufügen, um die Brombeeren zu bedecken. Die genaue Menge hängt von der gewünschten Intensität des Geschmacks ab, es sollten jedoch mindestens 2 bis 3 Liter Wasser sein.
- Die Mischung zum Kochen bringen und dann bei niedriger Hitze etwa 30 Minuten lang köcheln lassen, bis die Brombeeren weich sind und der Saft freigesetzt wird.
- Die Mischung abkühlen lassen und dann die Hefe hinzufügen, um die Gärung zu starten.
- Die Maische in einen luftdicht verschlossenen Behälter geben, Gärspund einführen und für etwa eine Woche gären lassen.
- Nach der Gärung die Maische in einem Brennkessel destillieren, um den Brombeerbrand zu gewinnen.

Fortgeschrittenenrezepte

Grappa
Schwierigkeitsgrad: Fortgeschrittene

Zutaten:
5 kg Weintraubenreste (Trester)
Wasser

Außerdem:
- 10-Liter-Topf mit Deckel
- Glasröhrchen oder Schlauch
- 1 Thermometer
- 1 Rührstab/Holzlöffel
- Gefäß mit Kühlung
- Alkoholmeter
- Glasflaschen zum Abfüllen

Anleitung:
- Zuerst die Weintraubenreste gründlich waschen, um Schmutz und Rückstände zu entfernen.
- Die Traubenreste in einen großen Topf geben und mit Wasser bedecken.
- Den Topf auf den Herd stellen und die Trauben bei mittlerer Hitze langsam erhitzen, bis sie zu dampfen beginnen.
- Sobald die Trauben kochen, die Hitze reduzieren und den Dampf durch einen Schlauch oder eine Röhre leiten, der bzw. die in ein Gefäß mit kaltem Wasser führt (ähnlich wie bei einer Destillationsanlage).
- Den Dampf kondensieren lassen, indem Sie das Gefäß mit dem kalten Wasser kühlen. Das kondensierte Destillat, das aus reinem Alkohol und Wasser besteht, sammelt sich im Gefäß.
- Das destillierte Destillat in einem sauberen Behälter sammeln und für weitere Verwendungszwecke aufbewahren.
- Das Destillationsverfahren kann mehrmals wiederholt werden, um einen hochwertigeren und reinen Grappa zu erhalten.
- Den Grappa in Flaschen abfüllen und an einem kühlen, dunklen Ort lagern, damit er reifen kann.

Wodka

Schwierigkeitsgrad: Fortgeschrittene

Zutaten:
5 kg Kartoffeln oder Getreide wie Weizen oder Roggen
Wasser
Hefe

Außerdem:
- 5-Liter-Topf
- Gärfass (30 l) mit Gärspund
- scharfes Messer
- Schneidebrettchen
- Thermometer
- Rührstab/Holzlöffel
- Alkoholmeter
- Destillationsapparatur
- optional ein Refraktometer
- Glasflaschen zum Abfüllen
- Filter zum Abseihen

Anleitung:

- Die Kartoffeln gründlich waschen und schälen. Alternativ können Sie auch Getreide wie Weizen oder Roggen verwenden. Die Kartoffeln in kleine Stücke schneiden oder das Getreide mahlen, um die Oberfläche zu vergrößern. Die zerkleinerten Kartoffeln oder das Getreide in einen großen Topf geben und mit Wasser bedecken.
- Den Topf auf den Herd stellen und das Wasser langsam erhitzen, bis es zu dampfen beginnt. obald das Wasser zu dampfen beginnt, die Hitze reduzieren und die Kartoffeln (oder das Getreide) sanft köcheln lassen, bis sie weich sind. Die weichen Kartoffeln oder das Getreide abseihen und das Wasser (die Maische) in einem sauberen Behälter sammeln.
- Die abgekühlte Maische mit Hefe vermischen und für einige Tage gären lassen, bis sich der Alkoholgehalt erhöht hat. Nach der Gärung die Maische destillieren, indem Sie sie durch eine Destillationsanlage leiten und das destillierte Destillat sammeln. Das destillierte Destillat mehrmals durch den Destillationsprozess führen, um einen reinen und klaren Wodka zu erhalten.
- Den Wodka in Flaschen abfüllen und an einem kühlen, dunklen Ort lagern, damit er reifen kann.

Waldbeerenschnaps

Schwierigkeitsgrad: Fortgeschrittene

Zutaten:
500 ml Neutralalkohol
200 g gemischte Waldbeeren (z. B. Himbeeren, Brombeeren, Heidelbeeren)
100 g Zucker
100 ml Wasser
Saft und Schale einer halben Zitrone
ein paar frische Minzblätter (optional)

Außerdem:

- ein Glasgefäß (5–10 l)
- Glasflaschen
- Filter zum Abseihen

Anleitung:

- Die gemischten Waldbeeren gründlich waschen und abtropfen lassen.
- Die Waldbeeren zusammen mit dem Neutralalkohol in ein Glasgefäß geben und gut verschließen. Das Glas an einem kühlen, dunklen Ort für 1 bis 2 Wochen ziehen lassen, damit sich die Aromen entfalten können.
- Nach der Ziehzeit den aromatisierten Alkohol abseihen, um die Früchte zu entfernen.
- In einem Topf Wasser und Zucker mischen und zum Kochen bringen, bis sich der Zucker vollständig aufgelöst hat, um einen einfachen Sirup herzustellen. Den Sirup abkühlen lassen.
- Den Sirup sowie den Saft und die Schale einer halben Zitrone zum aromatisierten Alkohol geben und gut vermischen.
- Den Waldbeerenschnaps in Flaschen abfüllen und für weitere 1 bis 2 Wochen an einem kühlen, dunklen Ort ruhen lassen, damit sich die Aromen vereinen.
- Vor dem Servieren einige frische Minzblätter hinzufügen, um dem Schnaps eine erfrischende Note zu verleihen.

Kräuterschnaps

Schwierigkeitsgrad: Fortgeschrittene

Zutaten:
500 ml klarer Schnaps (z. B. Wodka oder Korn, siehe Rezept)
2–3 Zweige frische Kräuter nach Wahl (z. B. Rosmarin, Thymian, Salbei, Minze)
1 Zitrone (Bio)
optional: 1–2 Teelöffel Honig oder Zucker

Außerdem:

- ein Glasgefäß (5–10 l)
- Glasflaschen
- scharfes Messer
- Schneidebrettchen
- Filter zum Abseihen

Anleitung:

- Zunächst die frischen Kräuter waschen und trocken tupfen. Dann die Blätter von den Stielen abzupfen und grob zerkleinern.
- Die Zitrone gründlich waschen und in dünne Scheiben schneiden.
- Die Kräuter und Zitronenscheiben in ein sauberes Glasgefäß geben.
- Den klaren Schnaps über die Kräuter und Zitronenscheiben gießen, bis sie vollständig bedeckt sind.
- Das Glasgefäß gut verschließen und an einem kühlen, dunklen Ort für etwa 1 bis 2 Wochen ziehen lassen. Gelegentlich schütteln, um die Aromen zu verteilen.
- Nach der Ziehzeit die Mischung durch ein feines Sieb oder einen Kaffeefilter abseihen, um die festen Bestandteile zu entfernen. Den aromatisierten Alkohol beiseitestellen.
- Optional: Wenn der Kräuterschnaps zu herb ist, kann etwas Honig oder Zucker hinzugefügt werden. Gut umrühren, bis sich der Zucker vollständig aufgelöst hat.
- Den Kräuterschnaps in saubere Flaschen abfüllen und verschließen.

Tipp: Den Schnaps für einige Tage oder Wochen reifen lassen, damit sich die Aromen vollständig entfalten können, bevor Sie ihn genießen.

Besondere Anlässe

Whiskey

Schwierigkeitsgrad: Fortgeschrittene

Zutaten:
5 kg gemälztes Getreide (z. B. Gerste, Roggen, Mais)
Wasser
Hefe

Außerdem:
- Gärfass mit Gärspund (30 l)
- Eichenfass
- 1 Thermometer
- 1 Rührstab/Holzlöffel
- Alkoholmeter
- Destillationsapparatur
- optional ein Refraktometer
- Glasflaschen zum Abfüllen

Anleitung:

- Das gemälzte Getreide in einem großen Topf oder Bottich mit etwa 20 Litern Wasser vermischen, um eine Maische herzustellen. Stellen Sie sicher, dass das Getreide gut mit Wasser bedeckt ist und eine homogene Mischung entsteht.
- Die Maische sollte nun für einige Stunden ruhen, um die Enzyme im gemälzten Getreide zu aktivieren. Dieser Prozess, bekannt als Maischen, hilft, die in der Gerste enthaltenen Stärken in Zucker umzuwandeln.
- Nachdem die Maische geruht hat, wird die Hefe hinzugefügt. Die Hefe startet den Gärungsprozess, bei dem der Zucker in der Maische in Alkohol umgewandelt wird. Rühren Sie die Hefe gut unter, um sicherzustellen, dass sie gleichmäßig verteilt ist.
- Die Maische wird nun an einen warmen Ort gestellt und für mehrere Tage vergoren. Während dieser Zeit entsteht Alkohol aus Stärke und Zucker.
- Nachdem die Gärung abgeschlossen ist, wird die Maische destilliert. Dies geschieht typischerweise in einer Brennblase oder einem Pot Still, wo die Maische erhitzt wird, um den Alkohol zu verdampfen, der dann kondensiert und gesammelt wird.

- Das Destillat, auch bekannt als Roh-Whiskey oder White Dog, wird nun in Eichenfässer gefüllt, um zu reifen. Die Wahl des Fasses und die Lagerungszeit sind entscheidend für den endgültigen Geschmack des Whiskeys.
- Während der Lagerung reift der Whiskey und nimmt die Aromen aus dem Holz sowie weitere komplexe Geschmacksnoten auf. Dieser Prozess dauert in der Regel mehrere Jahre und erfordert regelmäßige Überwachung und Pflege der Fässer.
- Nach der Lagerung wird der Whiskey abgefüllt, um ihn für den Verkauf oder den persönlichen Verbrauch vorzubereiten. Er wird oft auf Trinkstärke verdünnt, bevor er in Flaschen abgefüllt wird.

Dieses Rezept verdeutlicht den Aufwand, der erforderlich ist, um Whiskey herzustellen. Es erfordert Geduld, Fachkenntnisse und Sorgfalt, um einen hochwertigen Whiskey zu produzieren. Experimentieren Sie gerne mit verschiedenen Getreidesorten, Hefen und Lagerungszeiten, um Ihren eigenen Whiskey zu kreieren.

Weihnachtsschnaps

Schwierigkeitsgrad: Fortgeschrittene

Zutaten:

750 ml klarer Schnaps oder Korn (siehe Rezept)
1 Zimtstange
3 Nelken
2 Sternanis
1 Vanilleschote (aufgeschnitten)
1 Bio-Orange (Schale)
1 Bio-Zitrone (Schale)
1 Stück frischer Ingwer (geschält, in Scheiben geschnitten)
2 EL Honig oder Zucker (optional, nach Geschmack)

Außerdem:

- ein Glasgefäß (5–10 l)
- Glasflaschen
- scharfes Messer
- Schneidebrettchen
- Obstschäler
- Filter zum Abseihen

Anleitung:

- Den klaren Schnaps oder Korn in ein sauberes Einmachglas oder eine Flasche geben.
- Zimtstange, Nelken, Sternanis, aufgeschnittene Vanilleschote, Orangen- und Zitronenschalen sowie die Ingwerscheiben hinzufügen.
- Den Honig oder Zucker hinzufügen, um den Schnaps je nach Vorliebe zu süßen (optional).
- Das Glas oder die Flasche gut verschließen und an einem kühlen, dunklen Ort für mindestens eine Woche ziehen lassen, damit sich die Aromen vermischen und entfalten können.
- Nach einer Woche den Weihnachtsschnaps durch ein feines Sieb oder einen Kaffeefilter abseihen, um die festen Bestandteile zu entfernen.
- Den aromatisierten Schnaps in saubere Flaschen abfüllen und kühl lagern.

Sommerschnaps

Schwierigkeitsgrad: Fortgeschrittene

Zutaten:
750 ml klarer Schnaps oder Wodka (siehe Rezept)
1/2 Wassermelone (in Würfel geschnitten)
1 Limette (in Scheiben geschnitten)
1 Bund Minze
2 EL Zucker oder Agavensirup (optional, je nach gewünschter Süße)

Außerdem:

- ein Glasgefäß (5–10 l)
- Glasflaschen
- scharfes Messer
- Schneidebrett
- Filter zum Abseihen

Anleitung:

- Wassermelonenstücke, Limettenscheiben und Minze in ein sauberes Einmachglas oder eine Flasche geben.
- Den klaren Schnaps oder Wodka darübergießen, bis die Früchte und Kräuter bedeckt sind.
- Den Zucker oder Agavensirup hinzufügen, um den Sommerschnaps je nach Vorliebe zu süßen (optional).
- Das Glas oder die Flasche gut verschließen und an einem kühlen, dunklen Ort für mindestens drei Tage ziehen lassen, damit sich die Aromen vermischen und entfalten können.
- Nach drei Tagen den Sommerschnaps durch ein feines Sieb oder einen Kaffeefilter abseihen, um die festen Bestandteile zu entfernen.
- Den aromatisierten Schnaps in saubere Flaschen abfüllen und kühl lagern.

Tipp: Genießen Sie diesen erfrischenden Drink am besten eisgekühlt an einem heißen Sommertag.

Lebkuchenschnaps

Schwierigkeitsgrad: Fortgeschrittene

Zutaten:
750 ml klarer Schnaps oder Wodka
100 g Lebkuchen (in kleine Stücke gebrochen)
2 Zimtstangen
4 Nelken
1 Vanilleschote (aufgeschnitten)
1 TL Kakaopulver
2 EL brauner Zucker oder Honig
optional: Orangenschale (von einer Bio-Orange)

Außerdem:

- ein Glasgefäß (5–10 l)
- Glasflaschen
- Obstschäler
- Filter zum Abseihen

Anleitung:

- Lebkuchenstücke, Zimtstangen, Nelken, Vanilleschote, Kakaopulver und braunen Zucker (oder Honig) in ein sauberes Einmachglas oder eine Flasche geben.
- Optional: Die Schale einer Bio-Orange hinzufügen, um dem Schnaps eine frische Note zu verleihen.
- Den klaren Schnaps oder Wodka über die Zutaten gießen, bis sie bedeckt sind.
- Das Glas oder die Flasche gut verschließen und an einem kühlen, dunklen Ort für mindestens eine Woche ziehen lassen, damit sich die Aromen vermischen und entfalten können.
- Nach einer Woche den Lebkuchenschnaps durch ein feines Sieb oder einen Kaffeefilter abseihen, um die festen Bestandteile zu entfernen.
- Den aromatisierten Schnaps in saubere Flaschen abfüllen und kühl lagern.

Tipp: Genießen Sie diesen weihnachtlichen Leckerbissen pur oder als Zutat in Cocktails und Desserts.

Kreative Zutatenkombinationen

Zitronen-Kräuter-Schnaps

Schwierigkeitsgrad: Fortgeschrittene

Zutaten:
500 ml Neutralalkohol (z. B. aus Getreide, siehe Rezept)
2 Zitronen
10 g frische Rosmarinzweige
5 g frische Thymianzweige
200 g Zucker
200 ml Wasser

Außerdem:
- ein Glasgefäß (5–10 l)
- Glasflaschen
- Filter zum Abseihen
- Topf

Anleitung:
- Die Zitronen gründlich waschen und in dünnen Scheiben schneiden. Die Zitronenscheiben zusammen mit den Rosmarin- und Thymianzweigen in ein Glasgefäß geben.
- Den Neutralalkohol über die Zitronen und Kräuter gießen, so dass sie vollständig bedeckt sind. Das Glasgefäß verschließen und an einem kühlen, dunklen Ort für 1 Woche ruhen lassen, damit die Aromen mazerieren können.
- Nach einer Woche den aromatisierten Alkohol abseihen, um die Zitronen- und Kräuterstücke zu entfernen. Den aromatisierten Alkohol beiseitestellen.
- In einem Topf Wasser und Zucker mischen und zum Kochen bringen, bis sich der Zucker vollständig aufgelöst hat, um einen einfachen Sirup herzustellen. Den Sirup abkühlen lassen.
- Den aromatisierten Alkohol und den Sirup miteinander mischen und in Flaschen abfüllen. Die Flaschen gut verschließen und für weitere 2 Wochen an einem kühlen, dunklen Ort ruhen lassen, damit sich die Aromen weiterentwickeln können.
- Nach 2 Wochen den Zitronen-Kräuter-Schnaps genießen!

Tipp: Der Zitronen-Kräuter-Schnaps kann pur getrunken oder als Zutat in Cocktails verwendet werden.

Ingwer-Orangen-Schnaps

Schwierigkeitsgrad: Fortgeschrittene

Zutaten:
500 ml Neutralalkohol (siehe Rezept)
1 großes Stück frischer Ingwer (ca. 50 g)
Schale von 2 Orangen
200 g Zucker
200 ml Wasser

Außerdem:
- ein Glasgefäß (5–10 l)
- Glasflaschen
- scharfes Messer
- Schneidebrett
- Filter zum Abseihen
- Topf

Anleitung:
- Den frischen Ingwer schälen und in dünne Scheiben schneiden. Die Orangenschale mit einem Sparschäler abschälen.
- Den Neutralalkohol in ein Glasgefäß geben und den Ingwer und die Orangenschale hinzufügen. Das Glasgefäß verschließen und an einem kühlen, dunklen Ort für 1 Woche ruhen lassen.
- Nach einer Woche den aromatisierten Alkohol abseihen, um den Ingwer und die Orangenschale zu entfernen.
- In einem Topf Wasser und Zucker mischen und zum Kochen bringen, bis sich der Zucker vollständig aufgelöst hat, um einen einfachen Sirup herzustellen. Den Sirup abkühlen lassen.
- Den aromatisierten Alkohol und den Sirup miteinander mischen und in Flaschen abfüllen. Die Flaschen gut verschließen und für weitere 2 Wochen an einem kühlen, dunklen Ort ruhen lassen.
- Nach 2 Wochen den Ingwer-Orangen-Schnaps genießen!

Mango-Chili-Schnaps

Schwierigkeit: Fortgeschrittene

Zutaten:

500 ml Neutralalkohol (siehe Rezept)
2 reife Mangos
1–2 rote Chilischoten (je nach gewünschter Schärfe)
100 g Zucker
100 ml Wasser
Saft und Schale einer Limette
ein paar frische Minzblätter (optional)

Außerdem:

- ein Glasgefäß (5–10 l)
- Glasflaschen
- scharfes Messer
- Schneidebrett
- Filter zum Abseihen
- Topf

Anleitung:

- Die Mangos schälen, entkernen und in kleine Stücke schneiden.
- Die Chilischoten halbieren und entkernen, um die Schärfe zu reduzieren. Je nach gewünschter Schärfe können Sie die Kerne auch mitbenutzen.
- Die Mangostücke und die Chilischoten zusammen mit dem Neutralalkohol in ein Glasgefäß geben und gut verschließen. Das Glas an einem kühlen, dunklen Ort für 1 bis 2 Wochen ziehen lassen, damit sich die Aromen entfalten können.
- Nach der Ziehzeit den aromatisierten Alkohol abseihen, um die Früchte zu entfernen.
- In einem Topf Wasser und Zucker mischen und zum Kochen bringen, bis sich der Zucker vollständig aufgelöst hat, um einen einfachen Sirup herzustellen. Den Sirup abkühlen lassen.
- Den Sirup sowie den Saft und die Schale einer Limette zum aromatisierten Alkohol geben und gut vermischen.
- Den Mango-Chili-Schnaps in Flaschen abfüllen und für weitere 1 bis 2 Wochen an einem kühlen, dunklen Ort ruhen lassen, damit sich die Aromen vereinen.

Tipp: Vor dem Servieren einige frische Minzblätter hinzufügen, um dem Schnaps eine erfrischende Note zu verleihen.

Rosmarin-Zitronen-Schnaps

Schwierigkeitsgrad: Fortgeschrittene

Zutaten:
500 ml Neutralalkohol (siehe Rezept)
2 Zweige frischer Rosmarin
Schale von 2 Zitronen
200 g Zucker
200 ml Wasser

Außerdem:

- ein Glasgefäß (5–10 l)
- Glasflaschen
- scharfes Messer
- Schneidebrett
- Filter zum Abseihen
- Topf
- Obstschäler

Anleitung:

- Die frischen Rosmarinzweige waschen und leicht zerkleinern. Die Zitronenschale mit einem Sparschäler abschälen.
- Den Neutralalkohol in ein Glasgefäß geben und den Rosmarin und die Zitronenschale hinzufügen. Das Glasgefäß verschließen und an einem kühlen, dunklen Ort für 1 Woche ruhen lassen.
- Nach einer Woche den aromatisierten Alkohol abseihen, um den Rosmarin und die Zitronenschale zu entfernen.
- In einem Topf Wasser und Zucker mischen und zum Kochen bringen, bis sich der Zucker vollständig aufgelöst hat, um einen einfachen Sirup herzustellen. Den Sirup abkühlen lassen.
- Den aromatisierten Alkohol und den Sirup miteinander mischen und in Flaschen abfüllen. Die Flaschen gut verschließen und für weitere 2 Wochen an einem kühlen, dunklen Ort ruhen lassen.
- Nach 2 Wochen den Rosmarin-Zitronen-Schnaps genießen!

Tipp: Der Schnaps eignet sich hervorragend als erfrischender Aperitif oder als Zutat in Cocktails.

Pistazien-Vanille-Schnaps

Schwierigkeitsgrad: Fortgeschrittene

Zutaten:

1 Tasse ungesalzene Pistazien
1 Vanilleschote
750 ml weißer Rum oder Wodka (mindestens 40 % vol., siehe Rezept)
250 ml Wasser
200 g Zucker

Außerdem:

- ein Glasgefäß (5–10 l)
- Glasflaschen
- scharfes Messer
- Schneidebrett
- Filter zum Abseihen
- Topf

Anleitung:

- Die ungesalzenen Pistazien grob hacken und in ein verschließbares Glasgefäß geben.
- Die Vanilleschote der Länge nach aufschlitzen und das Mark herauskratzen. Sowohl das Vanillemark als auch die ausgekratzte Schote zu den Pistazien geben.
- Den weißen Rum oder Wodka über die Pistazien-Vanille-Mischung gießen, bis sie vollständig bedeckt ist.
- Das Glasgefäß gut verschließen und an einem dunklen und kühlen Ort für 1 bis 2 Wochen ziehen lassen. Gelegentlich schütteln, um die Aromen zu verteilen.
- Nach der Ziehzeit die Mischung durch ein feines Sieb oder einen Kaffeefilter abseihen, um die festen Bestandteile zu entfernen. Den aromatisierten Alkohol beiseitestellen.
- In einem Topf Wasser und Zucker mischen und zum Kochen bringen, bis sich der Zucker vollständig aufgelöst hat, um einen einfachen Sirup herzustellen. Den einfachen Sirup abkühlen lassen und dann mit dem aromatisierten Alkohol vermischen. Gründlich verrühren.
- Den Pistazien-Vanille-Schnaps in saubere Flaschen abfüllen und verschließen.
- Den Schnaps für mindestens vier Wochen reifen lassen, damit sich die Aromen vollständig entfalten können, bevor Sie ihn genießen.

Nelken-Orangen-Schnaps

Schwierigkeitsgrad: Fortgeschrittene

Zutaten:
1 l hochwertiger Neutralalkohol (z. B. Kornbrand oder Wodka, siehe Rezept)
10 Nelken
Schale von 1 Bio-Orange

Außerdem:
- ein Glasgefäß (5–10 l)
- Glasflaschen
- Obstschäler
- Filter zum Abseihen
- Topf

Anleitung:

- Spülen Sie die Bio-Orange gründlich ab, um Rückstände zu entfernen, und schälen Sie sie vorsichtig mit einem Sparschäler, um nur die äußere Schicht der Schale zu erhalten. Achten Sie darauf, nur die orangefarbene Schale zu verwenden, ohne die weiße Bitterstoffschicht darunter.
- Geben Sie die Orangenschalen und die Nelken in eine saubere Glasflasche oder ein Einmachglas.
- Anschließend wird der Neutralalkohol über die Orangenschale und die Nelken gegossen, bis sie vollständig bedeckt sind.
- Verschließen Sie die Flasche oder das Glas fest und lagern Sie es an einem kühlen, dunklen Ort für mindestens eine Woche, damit sich die Aromen entfalten können.
- Nach einer Woche kann der Schnaps durch ein feines Sieb oder einen Kaffeefilter abgeseiht werden, um die Orangenschale und die Nelken zu entfernen.
- Der Nelken-Orangen-Schnaps ist jetzt trinkfertig und kann pur genossen werden oder als Zutat in Cocktails verwendet werden.

Macadamia-Kokos-Schnaps
Schwierigkeitsgrad: Fortgeschrittene

Zutaten:
1 Tasse geröstete Macadamianüsse
1 Tasse Kokosraspel
750 ml weißer Rum oder Wodka (mindestens 40 % vol., siehe Rezept)
250 ml Wasser
200 g Zucker
1 Vanilleschote

Außerdem:
- ein Glasgefäß (5–10 l)
- Glasflaschen
- scharfes Messer
- Schneidebrett
- Filter zum Abseihen
- Topf

Anleitung:
- Die gerösteten Macadamianüsse grob hacken und zusammen mit den Kokosraspeln in ein verschließbares Glasgefäß geben.
- Den weißen Rum oder Wodka über die Nuss-Kokos-Mischung gießen, bis sie vollständig bedeckt ist.
- Das Glasgefäß gut verschließen und an einem dunklen und kühlen Ort für 1 bis 2 Wochen ziehen lassen. Gelegentlich schütteln, um die Aromen zu verteilen.
- Nach der Ziehzeit die Mischung durch ein feines Sieb oder einen Kaffeefilter abseihen, um die festen Bestandteile zu entfernen. Den aromatisierten Alkohol beiseitestellen.
- In einem Topf Wasser und Zucker vermischen. Die Vanilleschote der Länge nach aufschlitzen und das Mark herauskratzen. Sowohl das Vanillemark als auch die ausgekratzte Schote zum Zuckerwasser geben.
- In einem Topf Wasser und Zucker mischen und zum Kochen bringen, bis sich der Zucker vollständig aufgelöst hat, um einen einfachen Sirup herzustellen. Die Vanilleschote entfernen und den Sirup abkühlen lassen.
- Den aromatisierten Alkohol mit dem einfachen Vanillesirup vermischen und gründlich verrühren.
- Den Macadamia-Kokos-Schnaps in saubere Flaschen abfüllen und verschließen.
- Den Schnaps für einige Wochen reifen lassen, damit sich die Aromen vollständig entfalten können, bevor Sie ihn genießen.

Zimt-Vanille-Schnaps
Schwierigkeitsgrad: Fortgeschrittene

Zutaten:
1 l hochwertiger Neutralalkohol (z. B. Kornbrand oder Wodka, siehe Rezept)
2 Zimtstangen
1 Vanilleschote

Außerdem:
- ein Glasgefäß (5–10 l)
- Glasflaschen
- Filter zum Abseihen
- Topf

Anleitung:
- Schneiden Sie die Vanilleschote längs auf und kratzen Sie das Vanillemark heraus.
- Die Vanilleschote und das Vanillemark werden zusammen mit den Zimtstangen in eine saubere Glasflasche oder ein Einmachglas gegeben.
- Gießen Sie den Neutralalkohol über die Zimtstangen und die Vanille, bis sie vollständig bedeckt sind.
- Verschließen Sie nun die Flasche oder das Glas fest und lagern Sie es an einem kühlen, dunklen Ort für mindestens eine Woche, damit sich die Aromen entfalten können.
- Nach einer Woche kann der Schnaps durch ein feines Sieb oder einen Kaffeefilter abgeseiht werden, um die Zimtstangen und die Vanilleschote zu entfernen.
- Der Zimt-Vanille-Schnaps ist jetzt trinkfertig und kann pur genossen werden oder als Zutat in Cocktails verwendet werden.

Experimentelle Aromen und Variationen

Chili-Schokoladen-Schnaps
Schwierigkeitsgrad: Fortgeschrittene

Zutaten:
500 ml Neutralalkohol (siehe Rezept)
2–3 getrocknete Chilischoten
50 g dunkle Schokolade (mindestens 70 % Kakaoanteil)
200 g Zucker
200 ml Wasser

Außerdem:
- ein Glasgefäß (5–10 l)
- Glasflaschen
- scharfes Messer
- Schneidebrett
- Filter zum Abseihen
- Topf

Anleitung:
- Die getrockneten Chilischoten halbieren und entkernen. Die dunkle Schokolade grob hacken.
- Den Neutralalkohol in ein Glasgefäß geben und die Chilischoten und die Schokolade hinzufügen. Das Glasgefäß verschließen und an einem kühlen, dunklen Ort für 1 Woche ruhen lassen.
- Nach einer Woche den aromatisierten Alkohol abseihen, um die Chilischoten und die Schokolade zu entfernen.
- In einem Topf Wasser und Zucker mischen und zum Kochen bringen, bis sich der Zucker vollständig aufgelöst hat, um einen einfachen Sirup herzustellen. Den Sirup abkühlen lassen.
- Den aromatisierten Alkohol und den Sirup miteinander mischen und in Flaschen abfüllen. Die Flaschen gut verschließen und für weitere 2 Wochen an einem kühlen, dunklen Ort ruhen lassen.
- Nach 2 Wochen den Chili-Schokoladen-Schnaps genießen! Er bietet eine aufregende Kombination aus Schärfe und Süße und eignet sich sowohl pur als auch als Zutat in Cocktails.

Basilikum-Limetten-Schnaps

Schwierigkeitsgrad: Fortgeschrittene

Zutaten:
500 ml Neutralalkohol (siehe Rezept)
einige Zweige frisches Basilikum
Schale von 2 Limetten
Saft von 2 Limetten
200 g Zucker
200 ml Wasser

Außerdem:
- ein Glasgefäß (5–10 l)
- Glasflaschen
- scharfes Messer
- Schneidebrett
- Filter zum Abseihen
- Topf
- Obstschäler

Anleitung:

- Die frischen Basilikumzweige waschen und leicht zerkleinern. Die Limettenschale mit einem Sparschäler abschälen.
- Den Neutralalkohol in ein Glasgefäß geben und das Basilikum und die Limettenschale hinzufügen. Das Glasgefäß verschließen und an einem kühlen, dunklen Ort für 1 Woche ruhen lassen.
- Nach einer Woche den aromatisierten Alkohol abseihen, um das Basilikum und die Limettenschale zu entfernen.
- In einem Topf Wasser und Zucker mischen und zum Kochen bringen, bis sich der Zucker vollständig aufgelöst hat, um einen einfachen Sirup herzustellen. Den Sirup abkühlen lassen.
- Den aromatisierten Alkohol, den Limettensaft und den Sirup miteinander mischen und in Flaschen abfüllen. Die Flaschen gut verschließen und für weitere 2 Wochen an einem kühlen, dunklen Ort ruhen lassen.
- Nach 2 Wochen den Basilikum-Limetten-Schnaps genießen! Er bietet eine erfrischende Kombination aus würzigem Basilikum und zitroniger Frische.

Lavendel-Honig-Schnaps
Schwierigkeitsgrad: Fortgeschrittene

Zutaten:
500 ml Neutralalkohol (siehe Rezept)
2 EL getrocknete Lavendelblüten
100 g Honig
200 ml Wasser

Außerdem:
- ein Glasgefäß (5–10 l)
- Glasflaschen
- Filter zum Abseihen
- Topf

Anleitung:
- Die getrockneten Lavendelblüten in ein Glasgefäß geben und den Neutralalkohol darübergießen. Das Glasgefäß verschließen und an einem kühlen, dunklen Ort für 1 Woche ruhen lassen.
- Nach einer Woche den aromatisierten Alkohol abseihen, um die Lavendelblüten zu entfernen.
- In einem Topf Wasser und Honig mischen und zum Kochen bringen, bis sich der Honig vollständig aufgelöst hat, um einen Honig-Sirup herzustellen. Den Sirup abkühlen lassen.
- Den aromatisierten Alkohol und den Sirup miteinander mischen und in Flaschen abfüllen. Die Flaschen gut verschließen und für weitere 2 Wochen an einem kühlen, dunklen Ort ruhen lassen.
- Nach 2 Wochen den Lavendel-Honig-Schnaps genießen! Er eignet sich besonders gut als süßer Aperitif oder als Zutat in Cocktails.

Haselnuss-Kaffee-Schnaps
Schwierigkeitsgrad: Fortgeschrittene

Zutaten:
250 g geröstete Haselnüsse
50 g gemahlener Kaffee
750 ml Neutralalkohol (mindestens 40 % vol., siehe Rezept)
250 ml Wasser
200 g Zucker
1 Zimtstange

Außerdem:
- ein Glasgefäß (5–10 l)
- Glasflaschen
- scharfes Messer
- Schneidebrett
- Filter zum Abseihen
- Topf

Anleitung:
- Die gerösteten Haselnüsse grob hacken und in ein verschließbares Glasgefäß geben.
- Den gemahlenen Kaffee zu den Haselnüssen geben.
- Den Neutralalkohol über die Haselnuss-Kaffee-Mischung gießen, bis sie vollständig bedeckt ist.
- Das Glasgefäß gut verschließen und an einem dunklen und kühlen Ort für 1 bis 2 Wochen ziehen lassen. Gelegentlich schütteln, um die Aromen zu verteilen.
- Nach der Ziehzeit die Mischung durch ein feines Sieb oder einen Kaffeefilter abseihen, um die festen Bestandteile zu entfernen. Den aromatisierten Alkohol beiseitestellen.
- In einem Topf Wasser und Zucker vermischen und die Zimtstange hinzufügen. Auf mittlerer Hitze unter ständigem Rühren erhitzen, bis sich der Zucker vollständig aufgelöst hat und ein einfacher Sirup entsteht. Den Sirup abkühlen lassen.
- Den aromatisierten Alkohol mit dem einfachen Sirup vermischen und gründlich verrühren.
- Den Haselnuss-Kaffee-Schnaps in saubere Flaschen abfüllen und verschließen.
- Den Schnaps für einige Wochen reifen lassen (mindestens aber vier Wochen), damit sich die Aromen vollständig entfalten können, bevor Sie ihn genießen.

Karotten-Ingwer-Schnaps

Schwierigkeitsgrad: Fortgeschrittene

Zutaten:
500 g Karotten
50 g frischer Ingwer
750 ml Wodka oder klarer Schnaps (siehe Rezept)
250 ml Wasser
200 g Zucker (optional, je nach Geschmack)

Außerdem:
- ein Glasgefäß (5–10 l)
- Glasflaschen
- scharfes Messer
- Schneidebrett
- Filter zum Abseihen
- Topf
- Gemüseschäler

Anleitung:
- Die Karotten schälen und in dünne Scheiben schneiden. Den frischen Ingwer schälen und grob hacken.
- Die Karottenscheiben und den gehackten Ingwer in ein verschließbares Glasgefäß geben.
- Den Wodka oder klaren Schnaps über die Karotten-Ingwer-Mischung gießen, bis sie vollständig bedeckt ist.
- Das Glasgefäß gut verschließen und an einem dunklen und kühlen Ort für etwa 1 bis 2 Wochen ziehen lassen. Gelegentlich schütteln, um die Aromen zu verteilen.
- Nach der Ziehzeit die Mischung durch ein feines Sieb oder einen Kaffeefilter abseihen, um die festen Bestandteile zu entfernen. Den aromatisierten Alkohol beiseitestellen.
- In einem Topf Wasser und Zucker mischen und zum Kochen bringen, bis sich der Zucker vollständig aufgelöst hat, um einen einfachen Sirup herzustellen. Je nach Geschmack kann auf die Zugabe von Zucker verzichtet werden.
- Den einfachen Sirup abkühlen lassen und dann mit dem aromatisierten Alkohol vermischen. Gründlich verrühren.
- Den Karotten-Ingwer-Schnaps in saubere Flaschen abfüllen und verschließen.
- Den Schnaps für einige Wochen reifen lassen (mindestens aber vier Wochen), damit sich die Aromen vollständig entfalten können, bevor Sie ihn genießen.

Koriander-Kardamom-Schnaps

Schwierigkeitsgrad: Fortgeschrittene

Zutaten:
1 l hochwertiger Neutralalkohol (z. B. Kornbrand oder Wodka, siehe Rezept)
10 Kardamomkapseln
2 Esslöffel Koriandersamen

Außerdem:
- ein Glasgefäß (5–10 l)
- Glasflaschen
- Mörser
- Filter zum Abseihen

Anleitung:

- Zerstoßen Sie die Kardamomkapseln leicht mit einem Mörser, um die Samen freizusetzen.
- Geben Sie die Kardamomsamen und die Koriandersamen in eine saubere Glasflasche oder ein Einmachglas.
- Nun den Neutralalkohol über die Samen gießen, bis sie vollständig bedeckt sind.
- Verschließen Sie die Flasche oder das Glas fest und lagern Sie es an einem kühlen, dunklen Ort für mindestens eine Woche, damit sich die Aromen entfalten können.
- Nach einer Woche können Sie den Schnaps durch ein feines Sieb oder einen Kaffeefilter abseihen, um die Samen zu entfernen.
- Der Koriander-Kardamom-Schnaps ist jetzt trinkfertig und kann pur genossen werden oder als Zutat in Cocktails verwendet werden.

Tipp: Sie können die Mengen der Gewürze nach Belieben anpassen, um den Geschmack des Schnapses zu variieren. Experimentieren Sie mit verschiedenen Verhältnissen, um Ihren perfekten Koriander-Kardamom-Schnaps zu finden.

Anis-Heidelbeer-Schnaps

Schwierigkeitsgrad: Fortgeschrittene

Zutaten:

500 g frische Heidelbeeren
750 ml klarer Schnaps oder Korn (siehe Rezept)
1–2 Sternanis
100 g Zucker (optional)

Außerdem:

- ein Glasgefäß (5–10 l)
- Glasflaschen
- Filter zum Abseihen

Anleitung:

- Die frischen Heidelbeeren gründlich waschen und abtropfen lassen.
- Die Heidelbeeren in ein Einmachglas oder einen luftdichten Behälter geben und leicht zerdrücken, um das Aroma freizusetzen.
- Den klaren Schnaps oder Korn über die Heidelbeeren gießen, bis sie vollständig bedeckt sind.
- Den Sternanis hinzufügen, um dem Schnaps ein aromatisches Anis-Aroma zu verleihen.
- Den Behälter verschließen und an einem kühlen, dunklen Ort für mindestens eine Woche ziehen lassen, damit sich die Aromen entfalten können.
- Nach einer Woche den Schnaps durch ein feines Sieb oder einen Kaffeefilter abseihen, um die festen Bestandteile zu entfernen.
- Den Schnaps in eine saubere Flasche abfüllen und bei Bedarf mit Zucker süßen.
- Den Anis-Heidelbeer-Schnaps kühl lagern und vor dem Servieren gut gekühlt genießen.

Obst-Kräuter-Gewürz-Schnaps

Schwierigkeitsgrad: Fortgeschrittene

Zutaten:
750 ml klarer Schnaps oder Korn (siehe Rezept)
1 Handvoll Himbeeren
1 Handvoll Brombeeren
2–3 Zweige frische Minze
2–3 Zweige frischer Rosmarin
2 Zimtstangen
2–3 Nelken
1 Bio-Zitrone (Schale)
1 Bio-Orange (Schale)
optional: 1–2 EL Honig oder Zucker zum Süßen

Außerdem:

- ein Glasgefäß (5–10 l)
- Glasflaschen
- Obstschäler
- Filter zum Abseihen

Anleitung:

- Die Himbeeren und Brombeeren gründlich waschen, in ein Einmachglas oder einen luftdichten Behälter geben und leicht zerdrücken, um das Aroma freizusetzen.
- Die frische Minze und den Rosmarin abspülen und zu den Beeren geben.
- Die Zimtstangen, Nelken sowie die dünn abgeschälte Schale der Zitrone und Orange hinzufügen.
- Den klaren Schnaps oder Korn über die Früchte, Kräuter und Gewürze gießen, bis sie vollständig bedeckt sind.
- Den Behälter verschließen und an einem kühlen, dunklen Ort für mindestens eine Woche ziehen lassen, damit sich die Aromen vermischen und entfalten können.
- Nach einer Woche den Schnaps durch ein feines Sieb oder einen Kaffeefilter abseihen, um die festen Bestandteile zu entfernen.
- Bei Bedarf den Schnaps mit Honig oder Zucker süßen, um die Fruchtaromen abzurunden.
- Den Obst-Kräuter-Gewürz-Schnaps in saubere Flaschen abfüllen und kühl lagern.

Über die Welt der Spirituosen

Mit der Vollendung dieses Ratgebers haben Sie einen wichtigen Schritt in die Welt der Spirituosen unternommen. Es wäre schön, wenn Sie nicht nur wertvolles Wissen erlangt haben, sondern auch die Begeisterung für das Schnapsbrennen bei Ihnen entfacht wurde.

Das Brennen von Schnaps ist eine Tradition, die seit Jahrhunderten Menschen auf der ganzen Welt fasziniert und inspiriert. Von den historischen Klöstern des Mittelalters bis hin zu den modernen Brennereien des 21. Jahrhunderts hat sich die Kunst des Schnapsbrennens stetig weiterentwickelt und verfeinert. Mit diesem Buch haben Sie einen Einblick in die Grundlagen dieser Kunst erhalten und sind nun bereit, Ihre eigene Reise als Hobbybrenner anzutreten. Das Schnapsbrennen ist nicht nur eine handwerkliche Fertigkeit, sondern auch ein kreativer Prozess. Experimentieren Sie mit verschiedenen Zutaten, Aromen und Techniken und lassen Sie Ihrer Fantasie freien Lauf. Nehmen Sie die dargestellten Rezepte als Inspiration und kreieren Sie Ihre ganz eigenen Schnapskombinationen. Seien Sie neugierig und offen für neue Ideen und Inspirationen.

Darüber hinaus ist es wichtig, stets verantwortungsbewusst zu handeln, sowohl im Umgang mit den Rohstoffen als auch mit den fertigen Produkten. Respektieren Sie die Traditionen und Regeln des Schnapsbrennens und halten Sie sich an die geltenden Gesetze und Vorschriften. Sicherheit und Qualität sollten immer an erster Stelle stehen.

Vielleicht haben Sie ja auch Lust bekommen, sich einer Gemeinschaft von Schnapsbrennern anzuschließen, sei es online in Foren und sozialen Medien oder lokal in Brennereivereinen und -gruppen. Der Austausch von Ideen und Erfahrungen kann sowohl inspirierend als auch lehrreich sein und dazu beitragen, Ihre Fähigkeiten als Hobbybrenner weiterzuentwickeln.

Zum Wohl und auf eine erfolgreiche Schnapsbrennerei!

Quellen und weiterführende Literatur

- Leidenfrost, Johann Gottfried (2012): Die Kunst des Destillierens: Schnapsbrennen - von der Maische bis zum Destillat. Leopold Stocker Verlag.
- Pieper, Matthias (2015): Schnapsbrennen als Hobby: Die eigene Hausbrennerei. Frech Verlag.
- Stanzick, Karl-Wilhelm (2008): Handbuch der Spoirituosenherstellung: Technologie, Rohstoffe, Brennereibetrieb. Behr Verlag GmbH & Co. KG.
- Stier, Karl-Josef (2016): Schnapsbrennen – leicht gemacht. Das Handbuch für Hobby-Destillateure. Ulmer Verlag.

Gesetze

Verordnung (EG) Nr. 110/2008 des Europäischen Parlaments und des Rates vom 15. Januar 2008 zur Begriffsbestimmung, Bezeichnung, Aufmachung und Etikettierung von Spirituosen sowie zum Schutz geografischer Angaben für Spirituosen und zur Aufhebung der Verordnung (EWG) Nr. 1576/89 (abgerufen am 14.02.2024)